专项职业能力考核培训教材

家庭教育指导

陈鹏 王辉 主编

中国劳动社会保障出版社

图书在版编目(CIP)数据

家庭教育指导 / 陈鹏，王辉主编. -- 北京：中国劳动社会保障出版社，2023
专项职业能力考核培训教材
ISBN 978-7-5167-6171-7

Ⅰ.①家… Ⅱ.①陈…②王… Ⅲ.①家庭教育-职业培训-教材 Ⅳ.①G78

中国国家版本馆 CIP 数据核字（2023）第 217303 号

中国劳动社会保障出版社出版发行

（北京市惠新东街 1 号　邮政编码：100029）

*

北京市白帆印务有限公司印刷装订　　新华书店经销

787 毫米 ×1092 毫米　16 开本　12 印张　219 千字
2023 年 12 月第 1 版　2023 年 12 月第 1 次印刷

定价：33.00 元

营销中心电话：400-606-6496

出版社网址：http://www.class.com.cn

版权专有　　侵权必究

如有印装差错，请与本社联系调换：(010) 81211666
我社将与版权执法机关配合，大力打击盗印、销售和使用盗版图书活动，敬请广大读者协助举报，经查实将给予举报者奖励。
举报电话：(010) 64954652

本书编审人员

主　编　陈　鹏　王　辉

副主编　林　畅　刘晓敏　吴　航

编　者　陈秀茹　崔雪融　吴淑英　赵志成　朱晓玲

主　审　刘复兴

审　稿　陈秀鸿　郭德华　张荣伟

前 言

　　职业技能培训是全面提升劳动者就业创业能力、促进充分就业、提高就业质量的根本举措，是适应经济发展新常态、培育经济发展新动能、推进供给侧结构性改革的内在要求，对推动大众创业万众创新、推进制造强国建设、推动经济高质量发展具有重要意义。

　　为了加强职业技能培训，《国务院关于推行终身职业技能培训制度的意见》（国发〔2018〕11号）、《人力资源社会保障部 教育部 发展改革委 财政部关于印发"十四五"职业技能培训规划的通知》（人社部发〔2021〕102号）提出，要完善多元化评价方式，促进评价结果有机衔接，健全以职业资格评价、职业技能等级认定和专项职业能力考核等为主要内容的技能人才评价制度；要鼓励地方紧密结合乡村振兴、特色产业和非物质文化遗产传承项目等，组织开发专项职业能力考核项目。

　　专项职业能力是可就业的最小技能单元，劳动者经过培训掌握了专项职业能力后，意味着可以胜任相应岗位的工作。专项职业能力考核是对劳动者是否掌握专项职业能力所做出的客观评价，通过考核的人员可获得专项职业能力证书。

　　为配合专项职业能力考核工作，在人力资源社会保障部教材办公室指导下，福建教育学院组织有关方面的专家编写了专项职业能力考核培训教材。教材严格按照专项职业能力考核规范编写，教材内容充分反映了专项职业能力考核规范中的核心知识点与技能点，较好地体现了科学性、适用性、先进性与前瞻性。相关行业和考核培训方面的专家参与了教材的编审工作，保证了教材内容与考核规范、题库的紧密衔接。

专项职业能力考核培训教材突出了适应职业技能培训的特色，不但有助于读者通过考核，而且有助于读者真正掌握相关知识与技能。

本教材由陈鹏、王辉主编。王辉作为主编确定了全书指导思想，承担了全书架构设计、章节的编排，以及序、培训任务1"生理发展"、培训任务3"生理发展""言语发展"、培训任务4"生理发展"、培训任务5的写作。崔雪融承担了培训任务2、培训任务3、培训任务4"情绪调控"的写作。赵志成承担了培训任务2"生理发展""言语发展""认知发展"的写作。吴航承担了培训任务1、培训任务3、培训任务4"社会适应""认知发展"，培训任务1"言语发展""情绪调控"和培训任务2"社会适应"的写作。吴淑英承担了培训任务1、培训任务2、培训任务3、培训任务4"特殊教育"的写作。最后，特别感谢负责组织、联系、协调各位老师参与教材编写，统筹本次教材项目开发的朱晓玲女士，以及协调编者编排、校对、统稿的陈鹏先生。

教材编写是一项探索性工作，由于时间紧迫，不足之处在所难免，欢迎各使用单位及读者提出宝贵意见和建议，以便教材修订时补充更正。

序

  本书在满足家庭教育指导专项职业能力学员掌握科学家庭教育知识需要的同时，尝试结合当下实际家庭教育中的难点问题，有目标地为读者提供教育工具，尽力满足家长在家庭教育应用中操作的需求。

  由于编者掌握知识的范畴受到工作经历和专业属性的限制，具有一定的局限性，有任何建议欢迎各位专家、学者、教育工作者和家长指正。

  对于0~18岁人类发展阶段性规律的理解，医学、心理学、神经科学、社会学等学科各有其划分的依据和结果。本书使用0~3岁、3~8岁、8~13岁、13~18岁的阶段划分方式，也是一个全新的尝试。主要依据来自皮亚杰认知发展阶段论、弗洛伊德人格发展阶段论、社会道德发展阶段论、医学及神经科学发展研究、教育部各学龄划分阶段等。特绘制家庭教育指导理论框架，见封二彩图。

  家庭教育指导专项职业能力是社会快速发展的产物。

  伴随社会全面发展，人们的生活节奏、形式和内容发生着巨大的变化。在科技发展使全社会成员都有所受益的同时，有一个角落"教育"正在发生着微妙的变化。成年人为孩子们表现出不能被理解的"行为现象"而苦恼，也因此推动了《中华人民共和国家庭教育促进法》（以下简称《家庭教育促进法》）的出台，为开展科学家庭教育奠定了坚实的法律保障基础。

"我小时候学习怎么没这么费劲呢？"这是很多家长在面对现在孩子教育时产生的疑惑，时代的飞速发展，放大并且加剧了教育中的问题，对于各阶段教育都提出了新的挑战。而教师及家长急于寻求帮助，以获得具体解决策略为目标，往往忽略了教育的本质，以及对未成年人核心素质发展的关注。科学地从孩子发展需求出发，为父母提供最有效而直接的策略；基于未成年人核心素养的发展，引导开展科学家庭教育，正是本书的使命。

本书试图通过解决家长最关注的具体问题，提供实证有效的教育策略和工具。同时，引发教育者对未成年人发展需求，以及时代特征的深度思考。是因为未成年人发展水平出现变化，才导致当下教育的"困境"吗？那这些变化是如何产生的？我们应该在教育中做什么改变，才能更加适合当下的未成年人发展？降低课业压力，就可以让未成年人更好地适应教学要求？具体应该在什么时间、如何做才能最有效地降低课业压力，同时不影响到未成年人核心素养的发展？这些问题的回答，需要全社会、多学科共同努力，科学地解读，严谨地实证，才能提高教育的质量和效率，才能让老师和家长在教育中充分体验到成就。

教育是一个高尚的职业，而家庭教育是父母一生的责任！

《家庭教育促进法》第一章总则第一条：为了发扬中华民族重视家庭教育的优良传统，引导全社会注重家庭、家教、家风，增进家庭幸福与社会和谐，培养德智体美劳全面发展的社会主义建设者和接班人，制定本法。

本书响应《家庭教育促进法》的号召，帮助家长科学、有效地开展家庭教育，为了使孩子在成长中充分被成年人所理解，构架一个适宜孩子发展的社会环境，让家长不再焦虑，让孩子健康、快乐地成长。成年人要努力走入孩子的世界，让孩子在家庭幸福、社会和谐的氛围中健康成长。希望本书可以构建成人与孩子世界之间的桥梁！让孩子的成长少一些烦恼，多一些支持！

本书每个章节内容的选取，均围绕此阶段家长的教育认知误区或者困惑问题，来解读孩子们的发展规律。由于每个阶段孩子们发展的重点任务有所不同，各培训任务中学习单元的侧重点各不相同，例如，0~3岁的重点是感知觉发展，3~8岁阐述重点为视听学习能力发展，8~13岁重点又变成社会情感发展。这些内容伴随孩子们生活任务的变化而发生，源于家庭教育，针对家长高度关注的重点问题，科学阐述孩子们的发展规律和家长的应对策略，具有较强的日常教育指导作用。

家庭教育指导，作为一个专项职业能力，必然有理论基础为依据。针对日常收集的家长教育认知误区，编者也努力提供严谨而科学、经过实践验证过的素材进行阐述，帮助家长和从业人员可以从书中获得最基本的教育科学策略与理念。

围绕每个阶段未成年人发展的特征，每个学习单元均包含一个为家长提供的教育策略和具体操作的指导。我们坚信，家长通过不断地尝试，用心地体会，就能在执行中看到孩子对应行为上的变化。

目 录

培训任务 1　0~3 岁婴幼儿家庭教育 …………… 1

　　学习单元 1　生理发展 ………………………………… 3
　　学习单元 2　言语发展 ………………………………… 10
　　学习单元 3　情绪调控 ………………………………… 16
　　学习单元 4　社会适应 ………………………………… 21
　　学习单元 5　认知发展 ………………………………… 28
　　学习单元 6　特殊教育 ………………………………… 36

培训任务 2　3~8 岁儿童家庭教育 ………………… 43

　　学习单元 1　生理发展 ………………………………… 45
　　学习单元 2　言语发展 ………………………………… 51
　　学习单元 3　情绪调控 ………………………………… 57
　　学习单元 4　社会适应 ………………………………… 63
　　学习单元 5　认知发展 ………………………………… 69
　　学习单元 6　特殊教育 ………………………………… 77

培训任务 3　8~13 岁少年儿童家庭教育 ………… 85

　　学习单元 1　生理发展 ………………………………… 87

学习单元2　言语发展 …………………………………… 93

　　学习单元3　情绪调控 …………………………………… 100

　　学习单元4　社会适应 …………………………………… 109

　　学习单元5　认知发展 …………………………………… 114

　　学习单元6　特殊教育 …………………………………… 120

培训任务4　13～18岁青少年家庭教育 …………………… 127

　　学习单元1　生理发展 …………………………………… 129

　　学习单元2　情绪调控 …………………………………… 135

　　学习单元3　社会适应 …………………………………… 142

　　学习单元4　认知发展 …………………………………… 148

　　学习单元5　特殊教育 …………………………………… 154

培训任务5　家庭教育指导综述 …………………………… 161

　　学习单元1　家庭教育的内容框架 ……………………… 163

　　学习单元2　家庭教育指导从业人员的几个思考 ……… 165

　　学习单元3　家庭教育指导相关知识 …………………… 168

　　学习单元4　家庭教育现状 ……………………………… 170

　　学习单元5　家庭教育发展展望 ………………………… 172

附录1　家庭教育指导专项职业能力考核规范 ……………… 175

附录2　家庭教育指导专项职业能力培训课程规范 ………… 177

培训任务 1

0~3岁婴幼儿家庭教育

生命中充满奇迹。人类出生后的头几年里，他们要经历从脱离温暖的母体，到这个需要自己呼吸和进食的世界的过程。他们要学会呼唤他人提供生活必需品，挣扎着去适应各种新环境。在各种经历中，他们变成了会走、会跑、会说话，会爱父母，有自己明确想法的幼儿。

0~3岁的婴幼儿从无意识到具备独立意识，从无所顾忌地自我探索到认识社会环境的存在，他们的社会认知和世界观通过生活经验不断地改变，他们开始明确世界和自己之间的关系，经过后续经验逐渐巩固，形成了自己对世界的独特看法。

面对新生儿，新手父母从完全不知道婴儿是什么样子的，到第一次亲密接触，出现作为父母恰当的行为，再通过长达3年的亲密关系互动，逐渐进入真正父母的角色。

在这个既漫长又短暂的3年里，新手父母需要从头开始学习。在学习照料和理解孩子的过程中，他们会面临各种意想不到的困难。他们要学习在照料新生儿时如何通过哭声去理解新生儿的需求，如果复制了子宫内的环境是否对安抚新生儿有帮助？及时地回应新生儿，是否能够帮助孩子更快、更好地适应新世界？有些人会学习与婴幼儿发展有关的研究结论，来帮助自己科学地对待婴儿。例如，在陪伴婴儿时，如果在婴儿出生后的6个月内对其过于严厉、消极，会有可能让其在步入成年以后，对自己产生消极的自我评价，以及表现出冲动和攻击性。还有些家长因为忙着应付新生儿的到来，而疲于应付各种家庭矛盾，根本无暇顾及科学照料和陪伴。更有许多母亲还经受着产后抑郁的痛苦折磨，根本无法体会初为人母的幸福，更谈不上去适应母亲的角色。

0~3岁的孩子从婴儿成长为幼儿，从心理和生理上会发生极大的转变，陪伴他们的新手父母无论是生理上还是心理上也一样在蜕变过程中。父母经过专业的指导，会对自己突然转变的人生不再迷茫，对自己的角色更加明晰，对育儿计划更有把握，对突发的状况更加从容面对。父母除了科学了解婴幼儿的改变，还需要学习积极互动的技能，才能更好地支持孩子安全健康地成长，让孩子们懂得自己想要什么，并努力不懈地去把想法付诸实践。

0~3岁婴幼儿的发展是迅速的、多元的、影响一生的。小生命在成长的每一瞬间都在学习，而每一位陪护者对孩子的影响也是深远的。正面、积极的陪伴模式能够让孩子更加独立、自信地面对自己的未来，而这样的陪伴模式也能让父母成长为温柔的安抚者、耐心的照顾者、正面积极的伙伴，以及权威有说服力的指导者。

学习单元 1

生理发展

　　人类出生后的几年，是一生中发展最快速而复杂的一段时期。其中感知觉的发展最为基础，也最为重要。感知觉发展的丰富性，决定了此阶段孩子大脑内部的结构，为一生奠定坚实的发展基础。到3岁左右，孩子面临一个新的发展任务，即进入幼儿园。进入社会交往阶段，出现了明显的行为、能力的发展差异。这个"入园"任务，在一定程度上是早期幼儿发展水平的一次"考核"，几乎所有家长都对此有些担忧："孩子是否可以适应幼儿园的生活要求呢？"这成为孩子们早期阶段家长第一次集体焦虑的问题。

　　经过多年跟踪整理，发现此阶段孩子们进入幼儿园出现的"问题"原因，主要集中在以下3个方面。

　　站立行走：运动协调能力发展，从容面对自己的生活任务，在运动中让自己更加强大。

　　言语交流：表达自己意愿与想法，同时理解外界对自己的要求，具备沟通的基础能力，通过言语的应用，快速发展自己的思维能力。

　　使用工具：满足生活基础需求，让自己对生活有掌控感，与同伴有比较，相互学习，促进社会化的发展。

　　上述3个方面体现的技能是继承人类种族进化过程中沉淀的成果，从发展视角审视，也是人类参与社会生活的基础条件。

一、生理发展特征及规律

出生后，每一位父母都了解一些简单的生理发展指标，常见的有头围、身长、体重等，这些指标在每次婴幼儿体检中，都会涉及。但这些指标仅作为采集指标，并不能说明在日常生活中的状态，对婴幼儿产生什么样的影响，也不能给父母日常养育提供具体指导。具有探索精神的父母可能会翻阅资料，逐个查询这些指标的影响与意义。

1. 脑和神经系统发展

神经科学新近研究成果中显示，人类一生中有3个神经系统爆发性发展时期：0～2岁、5～7岁和10～13岁。这三个时期，神经系统快速发展，是大脑内部结构"构建期"，决定神经系统的基础结构。神经系统的发展遵从刺激与反应对应关联，以及"用进废退"的基础原则，优质而良性的刺激，必然推动大脑神经系统的良性发展。神经元是大脑的信号处理单位，从0～2岁建立突触（脑细胞之间的连接）的过程中可以看到，从出生到2岁，神经元数量基本没有变化，只是建立了很多突触（连接）。在这2年中，大脑每秒就产生700个突触连接。实际上在2岁以后，突触要开始进行"修剪"了。神经元修剪的过程会受到幼儿经历的影响。修剪时会保留幼儿在早期经历中"有用的""利于生存"的部分，而修剪掉其他部分。

作为早期陪伴孩子的重要养育者，父母和其他陪伴者的作用尤为重要。为孩子构建了什么样的养育环境，让孩子拥有什么样的生活体验，决定了孩子的大脑使用什么样的素材对神经元连接进行塑造，发展形成自己独有的大脑神经系统结构。

2. 肌肉与骨骼发展

人体共有206块骨头，婴幼儿的骨头有217～218块。因为婴幼儿的骶骨有5块，长大成人后合为1块；婴幼儿的尾骨有4～5块，长大后也合成了1块；婴幼儿有2块髂骨、2块坐骨和2块耻骨，到成人就合并成为2块髋骨了。这样加起来，婴幼儿的骨头要比大人多11～12块。

骨骼有五个功能：保护、支撑、运动、代谢、造血。如果简单地用身高来评价孩子骨骼发展显然忽略了其他功能，这种片面解读婴幼儿成长要素的做法，很可能造成养育悲剧发生。

骨骼与肌肉协同，对婴幼儿运动能力具有决定性意义。缺乏运动能力发展必然影响与世界的接触范围和性质。早期婴幼儿的健康发展主要取决于与外界接触的紧密程度。虽然无法判定当缺乏某一项运动能力时会具体影响哪一个方面的发展，但不能否认的是这种缺乏，必然会影响某一方面发展的顺畅性。已知的影响包括以下几个方面。

（1）对言语交流有影响的肌肉群，如口轮匝肌、舌肌、咀嚼肌等口腔肌肉群。家长在早期教育中，为了让婴幼儿多吃或者更容易吃，提供柔软和液态的食物。这些食物的形态直接导致口腔相关肌肉群的发展不足，从而直接影响言语发展水平，吐字不清、说话晚等现象频发。言语是思维的工具，当婴幼儿无法使用言语表达自己的意愿，会直接带来两个损伤：一是听不懂别人的要求，缺乏言语理解能力；二是思维发展受限，言语直接约束了自身思维的发展。

（2）对站立行走有影响的肌肉群及骨骼，如背部肌肉、腿部肌肉等运动肌肉群。许多家长使用工具来解决婴幼儿自主行走的问题。看上去把婴幼儿放进车里推着走解决了成人很多麻烦。但因此会产生肌肉骨骼发育迟滞，甚至影响孩子探索和理解世界的主动性，早期无法形成对外部世界"好奇与探索"的行为。其影响往往大于"骨骼肌肉"发育迟滞。日常生活中保护的度是家长科学理解教育的认知范畴。

骨骼的发展也在家长的"保护"中发生变化。正常直立行走和负重是最基础的运动能力，运动中承载自身重量的锻炼非常重要。由于生活中使用各类"车"代步，如家里的小汽车、超市中的购物车、儿童车……总之，在生活中缺乏适度的独立行走，会对婴幼儿骨骼发育产生不利影响。

（3）对使用工具有影响的肌肉群，如手部纤细肌肉、精细运动涉及的肌肉群。家长在婴幼儿早期成长过程中，往往忽略婴幼儿主动进食的行为，如抓取勺子的行为，当婴幼儿拿到勺子，努力放进嘴里的时候，操作物件的精细运动的训练已经开始。人类最早期精细运动的学习，就是在吃的过程中锻炼成熟的。良好的精细运动能力不仅仅使孩子的吃可以自理，还直接影响入学阶段的写字、读书等相关能力的发展水平。"生活即教育"的精髓，就在这个早期吃饭过程中得以验证。"孩子小，长大就学会自己吃饭了"的想法对孩子发展的影响，远远超出家长的理解。

二、生理发展相关知识

早期生理发展水平，决定了婴幼儿后续所有发展的基础。这就好比"硬件"的配置水平，将决定后续所有"软件"的运行环境，直接影响"系统"的效率和质量。多年的教育应用研究显示，很多家长对此缺乏科学的认识。多数家长心中有"长大些就好了"的想法，却不知这种想法对婴幼儿发展有着巨大的负面影响。

1. 大脑髓鞘化与早期智力发育

早期婴幼儿的大脑发育主要是感知觉发展，更多依赖外部提供的良性刺激环境。互动的有效性、及时性和丰富性，决定了此阶段婴幼儿发展的程度，并形成影响后续各项能力发展的基础。大脑的成熟受到生活中经历的较大影响。中枢神经系统的不同区域以不同的速度成熟。随着个体脑的变化，特别是在早期发展阶段，同样的物理环境可能导致产生不同的经验。如果将年幼孩子的大脑暴露在他们还不能加工的信息面前，则信息不会使其产生与年长孩子同样的经验。这个脑发育的研究成果为有关部门明令禁止"超前教育"的政策，提供了严谨而科学的支撑。

大脑主要由脑细胞组成。脑细胞有两类：一类是神经元，主导神经功能；另一类是神经胶质细胞，是辅助细胞，起神经元支架作用，供给脑细胞营养来对抗代谢性和结构上的损伤。神经胶质细胞和髓鞘形成有关，因此也很重要。髓鞘是一种脂类物质，它包裹在神经元轴突外面，起绝缘作用，以避免干扰，可加快神经兴奋的传导速度。髓鞘化在出生前就已开始。到1岁时胼胝体所有区域的髓鞘化都已起步。脑神经被髓磷脂包裹，这是提高信息传递速度与准确性的一个生理发育现象。人类髓鞘化发展具有阶段性特征，已知0～2岁、5～7岁、10～13岁是神经系统爆发性发展时期，神经系统髓鞘化也伴随快速发展。

日常生活体验对婴幼儿的神经系统髓鞘化具有重要意义，充分的生活体验直接造就了婴幼儿神经系统结构，持续影响婴幼儿一生全面发展的水平。"生活即教育"的神经科学解释源于婴幼儿神经髓鞘化过程。

2. 关键生理发展指标

婴幼儿发育水平的评价，多数仰仗生活中运动能力水平来开展。如抓握、翻身、独自坐、学会站立、行走、自主进食等技能掌握的时间。每项技能的掌握，都具有判断婴幼儿当前发育水平的功能。每项技能掌握的时间，可以作为评价同年龄比对中不同的发育状态。每个婴幼儿都具有自己独有的发育时间表。某一项运动活动发展，不能全部按平均发育时间来严格衡量，仅可作为一个判断参考标准。在日常生活中充分提供良好的锻炼机会，才能为婴幼儿发展构建良好的环境氛围。表1-1显示的是50%的儿童和90%的儿童能够掌握每项技能的大概年龄。

表1-1　　　　　　　　　　儿童掌握技能的年龄

技能	50%的儿童掌握该技能的年龄	90%的儿童掌握该技能的年龄
翻身	3.2个月	5.4个月
抓握	3.3个月	3.9个月
独立坐起来	5.9个月	6.8个月
外物辅助站立	7.2个月	8.5个月
用拇指和其他手指抓握	8.2个月	10.2个月
独立站立	11.5个月	13.7个月

续表

技能	50%的儿童掌握该技能的年龄	90%的儿童掌握该技能的年龄
走路走得很好	12.3个月	14.9个月
搭起两块积木	14.8个月	20.6个月
拾级而上	16.6个月	21.6个月
原地跳	23.8个月	2.4岁
画图	3.4岁	4.0岁

3. 脑机制与"成瘾"行为发展

当下广泛受到家长关注的"电子产品成瘾"问题在本阶段的家长中缺乏重视。

相关研究显示：有些人比其他人更容易产生依赖性。研究人员已经调查了成瘾行为背后的机制，即使成瘾行为会带来负面后果，有些人仍会继续使用，这种行为通常被称为"强迫性使用"。做决定是很复杂的，如决定是再玩一会儿还是忍住。大脑有一个重要的系统用于指导和激励行为。这个系统重视个体认为有价值的东西，如游戏、美味的食物、性和毒品，并驱使个体去追求更多。但适时"刹车"也是需要的，以防止个体做一些有不良后果的事情。"刹车"平衡了可能的负面结果和预期奖励之间的关系。

杏仁核是大脑中产生、识别和调节情绪，控制学习和记忆的组织。研究人员在杏仁核中发现了一小群神经细胞，即PKC δ-阳性神经细胞，它们促进了少数易感性人群的成瘾行为。大约4%的这些细胞构成的细胞网络，正是导致"刹车失灵"的原因。关闭这些细胞时，自我控制的能力得到了恢复。

无法阻止有害行为是一个重要的风险因素，而且一旦上瘾就会维持下去。尽早发现可采取有效预防措施，尽量阻止成瘾性行为建立，是最好的预防策略。在0~3岁阶段，让孩子们远离电子产品，不仅仅对视力发展有益，也是杜绝后续"电子产品成瘾"的关键措施。降低怕孩子"捣乱"，直接给一部手机的行为发生率，值得家长重视。杜绝孩子的脑神经启动PKC δ-阳性神经细胞可能是一个明智之举。

三、生理发展提升

婴幼儿运动能力与生理发展有着紧密的联系，而运动多数结合日常生活任务而发生。

1. "生活即教育"的解读

很多家长遇到教育困惑，总会发出感慨："我们小时候怎么没有这么费劲？"生活状态和社会进步高度相关，伴随社会分工进一步精细化，生活的便捷程度超过了人们的想象。在生活中的很多任务使用经济交换形式得以完成的同时，人们面临的是孩子教育环境和生活任务的变化，带来对应能力发展不足，而出现的教育困惑。

尤其是家长在教育中"省事、快捷、人云亦云"的教育理念，更加导致教育偏离了科学的轨道。教育是帮助孩子更好地面对并完成自己的生活任务，而不是为了"让孩子更舒适"，也不是为了实现家长自己内心的目标。

2. 运动与智力发展

婴幼儿翻身、坐、爬、站、走、跑、跳这几个关键运动能力，对未来发展影响巨大。

家长都会记得2个月左右的婴儿会在婴儿车或小床上，费力地用头顶着床，努力抬起肩膀的这个动作。很多家长认为是孩子在表达躺得太久，需要抱起来的意愿。而实际上这是婴儿在锻炼颈部肌肉群，为翻身及后续的发展做基础训练。

婴幼儿的运动能力发展，遵从由上向下、从中央向四周发展的总体规律。颈部肌肉群作为第一个需要发育的肌肉群就比较容易理解了。之后，孩子的行为就会出现翻身的迹象，如用左手向右侧探索。他们试图通过肩膀的力量带动全身翻转，这个阶段已经进入肩部肌肉群发展的时期。民间使用"三翻六坐"总结了这个发育规律。

但如果颈部和肩部肌肉群发展不足，就会导致头部无法获得有效支撑，可能产生的影响如下。

（1）肩、背部肌肉发展不足。独自坐能力延迟，获取周边良性刺激机会降低，使探索世界的行为减少，最终认知发展受到局限。

（2）添加辅食受影响。口轮匝肌、咀嚼肌等发育的最佳时机被延迟，对语言获得产生不利影响，持续对后续社会性交往能力发展产生影响。

（3）味觉发展不充足。味蕾在6~8个月时开始发育，此阶段需要更多的味觉刺激，充分发展。

任何一项运动能力发展的延迟，都会对整体发展产生连锁影响。这也就是为什么人在出生时差异不大，经过短短6个月时间，就会出现显著的个体性格、行为差异的原因。重视每一个阶段，婴幼儿发展的规律是漫长人类种族进化的浓缩，家长需要保持对人类种族进化规律的敬畏之心，杜绝个人意愿对发展规律的违背。其中最为突出的观念包括："不输在起跑线上""笨鸟先飞""知识和分数为重"等，均需要家长以科学而严谨的态度加以审视。

四、实际问题分析及解决策略

问题：孩子8个月还不会爬行。

分析： 核心肌肉包括颈部肌肉群、肩部肌肉群和背部肌肉群三部分。爬行是婴儿发展到一定阶段会自然出现的能力，但是由于喂养和育儿方式的不同，婴儿开始爬行的时间也不同。一般来说，婴儿发育到 8 个月的时候，随着婴儿颈部、胸部、腰部，以及腿部的肌肉发育逐渐完善，婴儿在可以支撑头部、抬起上身并能够承受身体重量的时候，就可以开始学习爬行了。

策略：

（1）要考虑给婴儿创造适合爬行的环境。尽量选择平整、宽敞、硬度合适、安全的环境给婴儿练习爬行。例如，在有护栏保护的大床上，为孩子准备好爬行垫，确保婴儿爬行的垫子不要太柔软，床上也不要有坚硬的异物。

（2）要考虑给婴儿做适当的辅助。根据不同婴儿当下的身体状况和大运动的先备能力对婴儿的爬行做恰当的辅助。有些婴儿颈部力量还不足，要先多做一些抬头训练，也就是多让婴儿趴着做抬头动作；有些婴儿大腿力量不足，可以让婴儿躺着做一些蹬腿训练；在婴儿翻身、翻滚和坐姿还不稳时，要先保证这些动作完成得比较协调后再考虑进行爬行训练。一旦开始练习爬行，需要家长要在一旁对婴儿做辅助。例如，在婴儿使用趴着的姿势时，家长要用手有意识地推动婴儿不同的脚帮助婴儿发力，每当婴儿的一只脚开始用力，就用手推动那只脚促进身体向前。如果婴儿手臂力量够了，但是肚皮还是贴着垫子，就帮婴儿抬起腹部，引导婴儿开始用标准的姿势爬行。

（3）诱导和强化婴儿的爬行。开始爬行的婴儿往往对很多物品都感兴趣，尤其是对一些颜色鲜艳（如红色）或有声音的玩具感兴趣，可以把这些物品放在离婴儿不远的地方，让婴儿能够看到，但是又够不到。在适当的辅助下，让婴儿努力爬到目标物品面前并拿到物品。以此为强化，婴儿在一次次的成功体验中会更喜爱爬行，爬行的频率会提高，时间也会更长。

（4）要注意爬行练习的时间和强度。不同的婴儿体力不同、气质不同、先备能力也不同。原则上要让婴儿快乐爬行，例如，每次爬行的距离不要太长，应设置成婴儿努力一点就能达到目标的程度，少量多次，让婴儿快乐地开始，快乐地结束，下次还想继续练习。

总结： 爬行主要训练孩子背部核心肌肉群，对孩子后续的所有运动能力发展都具有重要意义。家长在婴幼儿早期发展中，往往因为不安全、不干净等多种顾虑，阻止或者限制婴幼儿爬行的行为发展，从而对婴幼儿发展产生消极影响。当下没有更多直接的研究，实证爬行能力发展不足，直接影响孩子哪一个行为能力的发展水平，但从遵循人类种族发展的角度来讲，教育孩子应遵从一般的发展规律。

学习单元 2

言语发展

婴幼儿在出生后的3年中会经历最重要的言语发展阶段，在获得言语能力的过程中会经历言语准备期和发展期。这个阶段由于和周围人群的交流不断增加，新的要求也激发了婴幼儿的言语需求，促进言语发展。

言语发展并非等速进行，而是分成两个阶段。1岁到1岁半言语发展较慢，主要是言语理解的发展。1岁半到3岁言语发展逐渐加速，随即进入"言语爆发期"。此阶段孩子们"告状""搭讪"行为频发，就是言语爆发直接带来的行为表现。家长与婴幼儿有效的言语互动不仅会促进婴幼儿通过运用语言进行有效沟通的能力，更是对婴幼儿认知和社会性发展具有长远的意义。帮助孩子既要听得懂，又要说得出，家长既需要学习婴幼儿言语发展的科学规律，又要营造积极而科学的养育环境，以促进孩子的言语发展。

一、言语发展特征及规律

1. 言语准备期

任何婴幼儿的发展，都需要经历一系列的准备阶段。这些隐秘的准备往往被家长们所忽略，导致当前各类"发展迟滞"现象的发生。为了科学理解孩子的发展，家长应积极主动获取系统性的知识。

（1）言语产生的准备

1）简单发音阶段或反射性发声阶段（0~3个月）。新生儿的哭声在出生后1个月内发生了改变，从音调一样的未分化，到有分化的不同音调。这些改变说明婴儿开始运用发声器官。1个月以后，婴儿还出现了非啼哭的声音，如元音，这些发音只要张口就能发出。

2）连续音节阶段和咿呀学语阶段（4~8个月）。婴儿发音频繁，常常自主发声，在逗引下或高兴时发音更频繁，并出现和成人相似的声音，还逐渐能够将辅音和元音相结合，发出"dada""baba"等，这些声音是无意义的，也不受母语发音限制。

3）学话萌芽阶段（9~12个月）。婴儿的咿呀学语达到了高峰，明显增加了不同音节的连续发音，音调也经常变化。10个月左右的婴儿开始模仿成人的发音，学习新的语音，所发出来的音节听起来像是真正的说话，但这不能说明婴儿已经掌握了语言。此阶段的婴儿，可能向着任何一个人叫"baba"而不是真正表达相关的意思。

当孩子具备了言语表达能力之后，家长要克制替代其表达的行为，更多采用等待孩子表达完整的方式，之后还要装作"没听懂"的样子，通过塑造、示范，选择问句等技巧引导孩子重复要表达的内容，确认自己要表达的意思。这样就能在日常交流中提升孩子言语表达的准确性，充分发挥日常沟通中锻炼的作用。

（2）言语理解的准备

1）语音知觉。婴儿具备对言语刺激的区分能力，出生不久的新生儿就能够区分语音和其他声音，尤其偏爱母亲的声音，并逐渐具备了语音范畴的知觉能力。婴儿能够区分清浊辅音和不同语音范畴的差异，这让理解词义和言语成为可能。

2）语词的理解。8~9个月的婴儿开始能听懂简单的指令并执行，如母亲让婴儿跟父亲再见，婴儿能有相应反应等。但是婴儿还无法区分复合的情境，大约到11个月，婴儿才能够把词汇和语言情境区分开，对语言做出相应反应，才真正地开始理解词的意义。婴儿只有发展到既能听懂，又能说出词的时候，才标志着交流的开始。

2. 言语发展期

1岁左右的婴幼儿说出能被理解的词标志着他们进入言语发展期，包括词汇的发展、句子的发展和语法的获得。

（1）词汇的发展。从说出第一个词开始，婴幼儿的词汇量逐月增加。15个月时能够掌握20个左右的词，但能够听懂上千个词。2岁时能够说出300~500个词，进入言语爆发期，3岁时能说出近1 000个词。除了词汇量的增加，词汇的范围也增加了，这体现在幼儿用词的质量上，从口语中名词和动词占最大的比例，到逐渐运用其他各类词，如形容词、副词等。

（2）句子的发展。幼儿最初使用不完整的句子来表达，他们在1岁到1岁半运用单词句，如"狗狗"和"灯灯"等，到了1岁半以后运用双词或三词组合的"电报句"，如"爸爸抱"和"灯灯开"等；2岁以后，幼儿开始使用完整句子来表达，然后从简单句阶段逐步过渡到复合句阶段。

（3）语法的获得。幼儿要学习运用词法和句法，20～30个月是幼儿掌握语法的关键期；3岁时，幼儿在口语中已经基本掌握母语的语法规则，成为名副其实的"交流者"。

二、言语发展相关知识

婴幼儿的言语发展是一个复杂的过程，先天因素和后天因素在婴幼儿言语发展中都起到了很大的作用。虽然不同的婴幼儿学习语言的速度和质量不同，但是他们都遵循言语发展的基本规律。家长在理解了婴幼儿言语获得的基本理论以后可以更有质量地帮助婴幼儿提升言语发展的能力。

1. 言语和语言的区别

言语发展是婴幼儿心理发展过程中最重要的能力之一。言语不仅能够成为人类心理交流的重要工具和手段，而且对婴幼儿认知、社会性发展，以及其他的心理发展都有深远的影响。言语是个体借助语言传递信息的过程。而语言是由音、形、义相结合而形成的一种交流符号系统，包括语音系统、词汇系统和语法系统。语言作为人类交流的工具，要使其有效地发挥作用，需要交流的双方都必须掌握一系列技能和规则，如学习语义和语法来进行一定的言语活动以交换信息。所有生理发育正常的儿童在出生后的4～5年，未经任何训练，都能够获得听说母语的能力。而言语发展迟滞，在排除生理病理原因后，多数缘于日常生活中照顾过度或缺乏正常社会活动场景体验，在临床上属于"继发性"发展迟滞现象。经过正确的修正生活场景，提供科学的能力提升训练，婴幼儿言语发展迟滞可得到有效缓解，多数在小学低年级时可以达到或接近正常言语水平。

2. 言语获得的理论

关于婴幼儿言语是如何获得的，主要有三种解释。第一种是遗传决定论，包括两种观点，即先天语言能力说和自然成熟说；第二种是环境决定论，包括模仿说和强化说；第三种是相互作用论。

以上三种言语获得的理论有一定合理性，也存在着不同程度的不足。婴幼儿言语获得的过程是多因素相互作用、相互影响的。人类确实具有一种获得言语的先天机制，而这种机制只是提供了言语发展和获得的可能，要使这种可能性成为现实，还需要创设良好的言语发展的社会环境，提升婴幼儿的全面认知，让其在丰富的言语环境中发展。

三、言语发展提升

婴幼儿的言语能力是在多样的环境中发展的。当婴幼儿听着母亲唱摇篮曲时，就能够增加对语音的辨识；当婴幼儿跟家人道别时，就能够了解语言使用的情境；当婴幼儿跟同伴玩耍时，也可以学会咿咿呀呀地表达。为婴幼儿提供良好的学习氛围能够促进他们愉快地提升言语能力。

1. 语言环境的培养

应该丰富婴幼儿的生活内容。生活是言语的源泉，婴幼儿在生活中通过各种感官直接感知，获得对周围世界的认知，继而发展言语。当婴幼儿摸到"冰"的时候，实际的感受与父母说出"冰"的场景，就是早期教育的宝贵资源，除此以外无法复制。

（1）要利用一切机会与婴幼儿进行言语交流。在丰富的生活情境下教婴幼儿使用简单的语言，为婴幼儿将来掌握复杂的语言系统提供良好的环境。

（2）让更多的人参与进来。良好的家庭言语环境是促进婴幼儿言语获得的重要条件之一。要让不同的抚养者利用一切机会与婴幼儿进行言语交流，提升婴幼儿的识别能力，刺激婴幼儿的言语听觉，帮助婴幼儿扩大词汇量，还可为婴幼儿提供言语模仿的榜样。

生活中由于家长担心触碰外界存在危险，而限制婴幼儿早期活动的案例证实，缺乏互动严重影响了婴幼儿全面能力发展的进程，需要后续长达数年的额外培养，才可能让其达到平均发展水平。

2. 亲子阅读

（1）选择适当的图画书，开展早期阅读。亲子阅读越早越好，成人可为婴幼儿自制或购买图书，选择婴幼儿喜爱的主题，可以帮助婴幼儿更快地适应早期阅读。

（2）让亲子阅读成为习惯。经常性地与婴幼儿一起阅读，让阅读成为常规活动，逐步培养婴幼儿良好的阅读习惯。

（3）阅读时选择恰当的语言。语言的选择应尽量符合婴幼儿言语发展的水平，必要时，还可提些浅显的问题，诱导婴幼儿回答，丰富和扩充婴幼儿言语表达的能力。

另外，要让婴幼儿养成睡前倾听的习惯。睡前为婴幼儿阅读文学作品如诗词和童话故事，并持之以恒，坚持不懈，不仅有利于婴幼儿对文学语言的学习，还能够有效提升婴幼儿的专注力和记忆力。

3. 同伴交流

3岁以前的婴幼儿虽然还无法灵活地运用语言，但是具备很好的同伴模仿能力，包括言语模仿能力。成人要多鼓励婴幼儿进行同伴之间的模仿和交谈，提升婴幼儿的言语沟通能力。另外，在陪伴中成人应及时发现婴幼儿言语发展中的问题，并通过示范、讲解等方式来帮助婴幼儿解决这些问题。

四、实际问题分析及解决策略

问题：总觉得1岁多的宝宝不听话，说了好几遍的话也不明白，更不要说讲话了，要怎么教宝宝听话呢？

分析：婴幼儿在言语发展中都会出现听不懂话的阶段，语言包括接受性语言和表达性语言，也就是理解力和表达力。如果要提升理解力就要多让他们听一些适合发展的语言，比他们当下的语言能力更超前一点。如果婴幼儿的语言发展仍然是在发出无意义的咕咕声或牙牙学语阶段，成人可运用脸部表情、音调、肢体动作，模仿婴幼儿发出的声音和简单的单字来帮助其理解，有效地促进沟通。如果婴幼儿的语言发展到了单字的阶段，成人可以对他们说一些双字的句子。如果这时对婴幼儿说太长的句子，他们可能只听到并理解一个句子中的几个字，还无法完全理解整句话的意思。他们经常会将注意力集中在句子的开头、结尾或带着重音的词汇上。这在成人看来就是婴幼儿不听话了。因此，与婴幼儿沟通要用他们听得懂的方式，如配合动作的简单句子。

策略：

（1）如果成人说"你不可以把整块糖果放进嘴巴里"，婴幼儿听到的可能是"你""糖果""嘴巴"，然后就把嘴巴张开。所以要帮助婴幼儿理解一些重要的句型，可以在对婴幼儿说话时放慢句子中的关键字，特别说清楚，并加上脸部表情和肢体语言来强调整句话的意思。成人可以蹲下，面对婴幼儿，用手势加表情慢慢地说："你，不，可以把，整块糖，放进，嘴巴里。"以此帮助幼儿理解。

（2）成人也可以用诱导的方式对婴幼儿说话。例如，如果要说："快过来，你的鞋带需要绑了。不然的话，你可能会踩到，会摔跤。"可是，婴幼儿可能已经飞似地跑了。如果需要婴幼儿立刻回应，这时就应该弯下腰来，握着他的手，与他进行眼神接触并轻拍地面，温柔而坚持地说："来，坐下。"同时面带微笑。当婴幼儿坐下来，就可以试着告诉他:"我需要帮你绑鞋带,保证你的安全,以防止你跌倒。"然后再次微笑着说:"谢谢你,让我帮你绑鞋带。"

总结:婴幼儿的语言理解力需要成人通过脸部表情、肢体语言等相结合来帮助其提升,成人要耐心地结合婴幼儿正在经历的事情为其描述整个事件,帮助他们理解语言。同时,当婴幼儿对成人的语言有恰当的回应时,要尽量给予及时的反馈。

学习单元 3

情绪调控

人在出生后不久就具备了情绪表现和理解他人情绪的能力。很多家长在与新生儿互动期间，因为不适应新环境、要求的改变而出现不良情绪，这种情绪会被婴幼儿理解并导致婴幼儿长期处于压力之下。持续暴露于有压力的环境下，会影响婴幼儿的大脑发展，使他们容易处于情绪混乱的状态而不宜学习，也会出现学习障碍以及情绪或行为问题。

相反，如果婴幼儿在成长过程中，总是能够感受到家人的快乐和幸福感，则婴幼儿会有良好的情绪反应，这会促进婴幼儿健康成长。

一、情绪情感发展特征及规律

1. 情感情绪的发展

人出生后不久就有情绪表现，新生儿已经具有兴趣、痛苦、厌恶和微笑四种表情。在6个月之前，婴儿的情绪主要分为3种：高兴、小心谨慎、狂怒。到了9个月大的时候，婴儿情绪反应的种类急剧增加。远在了解语言之前，婴儿就已能对一些成人语言的信息做出反应，如身体语言、语调转变、音调和音量等。2~3岁的幼儿已有20多种情绪反应，如对人的喜爱、尊重、同情，对事物的好奇、羡慕，对评价的失望、厌恶，以及恐惧等，他们已经具备了基本所有的情绪。

2. 情绪情感的社会性发展

婴幼儿情绪情感的社会性随着年龄和社交体验的增长逐渐增加。婴儿最初的情绪反应大多数是天生的，和婴儿的生理需求直接相关。婴儿各方面的发展，以及与社会需求相关的刺激，是婴儿情绪反应的动因，如婴儿对父母的依恋和独立需要的满足，都会带来婴儿的情绪反应。另外，婴儿情绪反应的意义也会发生改变。如婴儿的笑，就是由最初自发的微笑，逐渐发展成有选择性的社会性微笑。笑是快乐情绪的外在表现，婴儿的需要或愿望得到满足时，就会表现出快乐喜悦的积极情绪。研究发现，新生儿能对听觉和触觉刺激产生微笑的反应，但此时的这种反应都是反射性的。3~4个月的婴儿已经能够对适当刺激做出大声笑的快乐反应。这时婴儿的笑是无差别、无选择性的，他们对主要照顾者和陌生人的微笑是一样的。婴儿4个月以后开始对熟悉的人无拘无束地笑，但是对不熟悉的人则是一种警惕的笑。2~3岁的幼儿会出现社会性的笑。

二、情绪情感发展相关知识

1. 婴幼儿对他人情绪的理解和反应

婴幼儿的情绪反应与对他人的理解相关。表情是一个人情绪的反应，而新生儿对他人表情模仿是一种常见的反应，如新生儿模仿成人张嘴和微笑。这样的表情模仿到了3个月时发展为模仿成人大声地笑和哭，直到7~9个月才能够将他人的面部表情作为一个整体模式加以识别，如婴幼儿能够将积极的表情和消极的表情区分开，从而做出不同的反应，这说明他们能理解情绪的表达。1岁左右的婴幼儿能够利用他人的表情作为社交参照来决定自己的行动方向，这是婴幼儿情绪理解发展的一个重要里程碑。大约2岁的时候，幼儿已经认识到情绪经验的主观性，即能认识到他人的内心情绪体验和自己的不同，如幼儿会去主动安慰哭泣的小朋友。

2. 情绪自我调节能力的发展

情绪自我调节是利用一定的策略来调整自身的情绪状态，使其强度得到缓解，从而达到个体追求的行为目标。婴幼儿的情绪虽然经常表现得非常冲动和不稳定，但婴幼儿已经逐渐掌握一些调节自己的策略。当婴幼儿学会爬行和独立行走后，会主动远离那些不愉快的刺激来调节自己的情绪。2岁的幼儿已经掌握更复杂的情绪调节技巧，如他们做不到的时候会对自己说"没事的，我可以"来进行自我安慰，或者找到成人帮忙来降低自己的焦虑，或做可爱的样子来获得同情和帮助等。

3. 婴幼儿气质发展概况

气质是指个体对人和环境做出反应的方式，被描述为行为是如何发生的，也就是个体如何做事。了解气质形态有助于了解婴幼儿的需要，以及他们的潜能天赋。托马斯和切斯把气质分成三种：易养型、难养型和适应缓慢型。易养型婴幼儿情绪一般比较愉快，生活有规律，对新事物较为开放。难养型婴幼儿易怒，较难愉快起来，生活没有规律，情绪较强烈。适应缓慢型婴幼儿很温和，但面对陌生人和陌生环境时适应很慢。大部分婴幼儿属于以上三种气质，还有一部分婴幼儿不能够归入以上三种。有的有比较规律的作息，但是害怕陌生人；有的在大多数时间很温和，偶尔易怒；还有的对新食物难以适应，但是对新的保姆很快适应。这些都是属于正常现象。

巴斯和普罗敏将气质分为四种：活动型、情绪型、社交型和冲动型。活动型婴幼儿喜欢参与运动性的游戏，总是忙于探索外面的世界，有很强的竞争力，他们在婴幼儿期坐不住，青年期精力充沛，事业心和竞争意识强。情绪型婴幼儿经常在各种行为和表情中显示出悲伤、恐惧和愤怒的反应，对细微的厌恶刺激敏感，不易被安抚。社交型的婴幼儿很愿意和不同的人相处，不愿意独处，在社会交往中表现积极、反应活跃，长大后也积极追求与家庭成员的交往。冲动型婴幼儿在任何时候都很兴奋，情绪反应强烈、好动，但是缺乏自我控制和约束，他们的反应很快，兴趣转换和消失得也快，情绪不稳定、易变化，冲动性强。但是婴幼儿成长中气质是会变化的，有些婴幼儿变化大，有些婴幼儿变化小。

著名的心理学家玛丽·罗斯巴特进行了开创性的气质研究，设计了"婴儿气质测量"，评估项目包括活动量、受限制的苦恼、接受安抚的能力、专注时间长度、从沮丧中复原的速度等具体项目。玛丽·罗斯巴特的评估有助于了解婴儿的个别需求，能够让成人更好地照顾婴幼儿。哈佛大学的心理学教授凯根做过一个有趣的实验，他发现对新玩具出现高反应的婴儿长大后由高风险发展出社交焦虑性，而能够平静接受新玩具的婴儿长大后能够轻松自在地社交。凯根还发现，不管是低反应性婴儿还是高反应性婴儿，只有非常少数的婴儿在长大后会转向另一个极端。

三、情绪情感发展提升

随着婴幼儿渐渐对自己的情绪有了更多的觉察，他们越来越能表达出这些感觉。但婴幼儿常常不知道自己情绪行为的原因，一个婴幼儿可能会不停地吵闹，甚至有激烈的行为表现，但是无法表达出是因为肚子疼不舒服还是累坏了，因此家长要学会帮助婴幼儿识别原因并且给婴幼儿解释。而家长及时地示范表达自己的相关感受也能对婴幼儿产生积极的影响。

1. 情绪表达

由于婴幼儿的情绪表达语言最初是从家长的示范中学习到的，因此家长在表达强烈的情绪时要谨慎。家长表达的情绪过多或表达方式过于强烈，可能让婴幼儿无法承受。尽量使用简单、非判断式的句子来说出感受，会比指责式的句子更有用。

例句："当……发生的时候，我觉得……，因为……"

这是通过"我"的信息来陈述情绪，又不让人觉得有压力的有效方法。这个表达中没有"你"这个字，如"'你'让我很生气，'你'的尖叫让我不舒服"等，因为这样有指责的意思，也会让婴幼儿产生不必要的罪恶感。应尽量培养婴幼儿正向的自信、责任感而不是负面的罪恶感，所以应尽量简单、真诚地表达，例如，可以说："当有很大声的尖叫的时候，我会很担心，而且很不安。因为太大的声音会打扰别人，我想听到你用轻轻的声音来说话。"这样既表达了情绪，又提出了解决方案。这个方法也适用于成年人之间的交流。

2. 处理负面情绪

对于那些不能很好地理解自己负面情绪的婴幼儿，家长要先帮助婴幼儿识别和了解自己的情绪以及原因，再根据情绪的原因来选择有效的策略。例如，如果婴幼儿认识到自己生气是因为自己无法完成一些任务却不知道如何求助，那家长可以教婴幼儿如何进行有效沟通，寻求他人的帮助。如果是因为分离焦虑带来的伤心，则要给婴幼儿适当的安慰，并转移婴幼儿的注意力，让他们在新环境下尝试有趣的事情来暂时忘记焦虑，还可以教他们安抚自己的语言，对自己说："没事的，妈妈很快就回来了。"等到再见到家人的时候，让家人不断地肯定他们，给他们积极的反馈。如果婴幼儿正经历困难时期，也可以提供一些过渡性物品，让他们用来安抚自己的情绪。

为婴幼儿解释自己负面情绪产生的原因。这种做法有两个积极的作用：一是让婴幼儿明白自己的负面情绪是由于一个事件产生的，是正常的现象；二是当婴幼儿通过家长的解读，理解了负面情绪是正常的情绪体验，就会接纳自己的负面情绪，从而对如何处理自己的负面情绪产生尝试的意愿，接纳自己类似"失控"的体验，降低焦虑。

家长针对负面情绪的解读推动了婴幼儿掌控情绪能力的发展，奠定了接纳负面情绪的基础。

四、实际问题分析及解决策略

问题： 1岁半的小男孩喜欢咬人，咬奶奶的时候被大人骂了，还被打了屁股，但是小男孩似乎变得更爱咬人了，到小区的游乐场玩还咬了其他小朋友，咬完小朋友还会大哭大闹，好像他自己被咬了一样。

分析：一个情绪稳定的孩子往往都具备以下几个特征。

（1）有一个宽容、积极的家庭氛围。

（2）家庭对孩子的独立、好奇、坚持和个人需求有现实的期望。

（3）家庭能预见问题并找到预防问题的方法。

（4）家庭能帮助孩子适应，让他们为活动的变化做好准备。

（5）有一个一致的公平规则。

（6）当出现真正的冲突时，家长的态度和做法很坚定。

策略：

（1）家长要理解这个年龄阶段的孩子经常会通过咬东西来学习的现象，如果家长对于这个行为反应过大，反而容易让他们更想继续尝试。

（2）要预见问题，并预防问题。如果孩子经常在某些特定场合咬人，要观察孩子行为的动机和对象，无论孩子是想获得关注，还是想要逃避环境，都可以教孩子用恰当的沟通方式来预防问题的发生。

另外，如果孩子已经咬人了，要帮助孩子认识他人的感受和情绪，并正向引导他们去改正自己的行为。针对行为而不是针对人的时候，孩子会比较愿意配合。家长如果能够帮助孩子表达正向的感觉，他们就能够学到更好的技巧。

举例：对于一个咬人的孩子，家长可以说："当你的朋友被咬的时候，他哭了，因为真的很痛，我们可以咬饼干或苹果，但是绝对不可以咬人。要对人很温柔。我们用冰凉的纸巾给你的朋友擦一擦，让他觉得好一点。"

如果孩子做到了，就要及时肯定孩子，如可以说："我看到你刚才用纸巾擦了小朋友的伤口，我觉得很骄傲，因为我知道你学会了如何去交朋友。"

总结：学步期（1.5~2.5岁）的孩子咬人是很常见的。要引导孩子认识到咬的行为应该出现在什么场合，不应该出现在什么场合，让孩子在事件中学习到恰当的行为，不要因为咬人的行为给孩子"扣帽子"。一方面要及时引导孩子在没有咬人之前出现恰当的行为，另一方面要帮孩子认识到如果咬人了，有哪些补救措施来改正自己无意的行为。

学习单元 4

社会适应

婴幼儿的社会适应能力从出生就开始发展，他们的成长需要依赖照顾者的呵护，最亲密的照顾者给他们怎样的照顾，他们就会产生怎样的回应。他们在无数次看似无关的照料细节中，建立起对人的信任；他们在力所能及的探索中，发展自我意识；他们在不断的尝试中，提升意志力；他们在无数次跟依恋对象的分离和重逢中，化解了分离焦虑。

自我意识、意志力、依恋和同伴关系的发展，是幼儿发展社交能力并适应各种社交环境的基础。而父母的积极回应和良好示范，会帮助幼儿在不同年龄阶段形成安全感并打下积极沟通的基础。然而，在这些能力形成的过程中，如果没有良好的示范环境，幼儿就会学习到不利的行为，从认知上否定自己，影响幼儿社会适应力的发展。在这个阶段的家庭教育中，要重视对幼儿正向行为的引导。

一、社会适应发展特征及规律

1. 自我概念的发展

自我概念是指婴幼儿对自己的认识，是对自身能力和特点的看法。新生儿在各种看似混乱的经历中，形成了关于自我和他人的初步概念。婴儿在被照料的过程中，愉悦和不愉悦的情绪以及吸吮的各种体验，在自我概念的发展中均扮演了重要的角色。

自我概念的形成离不开自我意识的发展，自我意识是指将自我看作独特的、可辨认的生命个体，感知自我和他人是不同的。0~4个月，自我意识出现，早期的感知区分能力是自我意识发展的基础。4~10个月，婴儿通过学会伸手抓握物件，体验到了自己能够控制外部世界的力量。这个年龄段的婴儿通过和照顾者的各种互动也发展出自我一致性，即一种客观存在感，将自己和世界的其他部分区分开，如与照顾者玩"躲猫猫"的游戏。15~18个月，自我概念迅速发展，幼儿能够内化别人对自己的反应，开始参照别人对自己做出反应，也能认出镜子里的自己，辨认自己的照片。18个月以后的幼儿照镜子时能够逐渐区分出自我和他人的不同。家长可以通过在孩子额头贴一个纸条，再把孩子引导到镜子前，观察孩子的行为。如果孩子伸手抓镜中的自己，说明孩子自我意识发展还没有完成；如果孩子直接抓向自己额头的纸条，说明孩子已经具备了较为完整的自我意识。20~24个月，幼儿开始使用第一人称的名词，这是另一个自我意识的信号，强调自我，自称"宝宝"，并初步有了物权意识。19~30个月，幼儿开始使用描述性的词语进行自我评价。如"高""矮""大""小"等，也会用评价性的词语如"好漂亮"来描述自己和他人。不过，这个阶段的自我意识的发展也会让幼儿学会拒绝，喜欢说"不要"和"我的"，让家长体会到"可怕的2岁"和"恐怖的3岁"。家长要理解幼儿自我概念发展和探索自我的需求，帮助幼儿发展。

2. 依恋的特点和发展

依恋是婴幼儿和主要照顾者之间形成的一种相互、持续的情感联结。依恋是个体的感觉、知觉、记忆、想象等心理过程发展到一定阶段的产物，是婴幼儿情感社会化的标志，其发展具有阶段性。

第一阶段是出生到3个月，被称为无差别的社会反映阶段。这个阶段的婴儿对所有人的反应几乎都是一样的，注视所有人的脸，听到人声会微笑，还没有对任何人，包括母亲产生偏爱。但是婴儿在这个阶段表现出的一些内在行为是有助于依恋情结的发展的，如婴儿对人的声音和面孔的偏好，理解哭笑等情绪反应能够吸引母亲的注意。

第二阶段是3~6个月，被称为有差别的社会反应阶段。这时的婴儿对熟悉的人和陌生人反应是有区别的，开始表现出对母亲的偏爱。在母亲面前，婴儿会表现出更多的微笑、依偎和咿呀学语。在其他熟悉的人面前，这些表现相对少一些，在陌生人面前这些表现就更少，但依然会有这样的反应。这个阶段的婴儿还没有明显地表现出怯生。

第三阶段是6个月到3岁，被称为特殊情感联结阶段。婴幼儿从6~7个月开始表现出对依恋对象的分离焦虑和对陌生人的怯生现象，这意味着婴幼儿开始形成依恋。当婴幼儿的依恋对象离开时，婴幼儿就会哭闹，当依恋对象回来时，婴幼儿就会高兴，只要依恋对象在身边，婴幼儿就会很安心地活动，并很积极地去探索周围的环境，仿佛把依恋对象当成自己的安全基地。这个阶段的婴幼儿对陌生人的反应与对依恋对象的反应相差甚远，他们见到陌生人时不再微笑，而是紧张害怕，甚至哭泣，表现出明显的怯生现象。

3. 同伴关系

同伴是指婴幼儿与之相处的且具有相近社交能力的人。同伴关系是指年龄相同或相近的婴幼儿之间一种共同活动并相互协作的关系。婴幼儿很早就能够对同伴的出现和行为做出反应。2个月大时，婴儿能够注视同伴；3~4个月时，婴儿可以做到相互触摸；6个月时，婴儿能够对同伴微笑和发出咿呀的声音。大部分6个月前的婴儿还只是把对方当作物体或玩具看待，只有到半岁以后才开始出现真正意义上的同伴社交行为。8~9个月时，婴儿会爬向同伴，并跟随对方。1岁以后幼儿出现更丰富的社交行为，如大笑、打手势、动作模仿和咿呀交流，同伴之间的互动变得更为频繁和复杂，合作与冲突并存，社交游戏增加，能够在游戏中互换角色和轮流扮演角色。2岁以后的幼儿的同伴社交游戏时间明显增加，远远多于独立游戏时间。即便是大人在场，1.5~2.5岁的幼儿也更愿意跟同伴一起玩。

婴幼儿阶段的同伴相互作用被划分为3个阶段。

（1）客观中心阶段。婴幼儿相互作用更多集中在玩具和物品上，而不是婴幼儿本身。

（2）相互简单作用阶段。婴幼儿已经能够对同伴的行为做出反应，经常企图去控制另一个婴幼儿的行动。

（3）互补的相互作用阶段。1.5~2.5岁的幼儿会出现更为复杂的社交行为，互相模仿，互相游戏，在积极交往时，也时常伴随消极的行为，如打架、抓脸、争抢玩具等。

孩子在生命的头3年里发展积极的同伴关系，能够预测未来更加顺利和开心的幼儿园社交生活。有研究表明，幼儿入园焦虑主要影响来自三个方面：一是社会交往能力发展不足，二是自理能力发展不足，三是言语发展迟滞。

4. 意志力发展

意志是指个体经过克服困难来实现预定目的的心理过程。意志力并不是婴幼儿天生就具备的，而是随着婴幼儿言语和随意动作的掌握而逐渐形成的。虽然8个月前的婴儿出现了反射行为、条件反射行为、随意动作、有目的的重复性行为，但这些行为一般不具备克服困难的特点，不属于意志行为。直到8个月时，婴儿随意动作和语言发展起来，能够按照大人的指示去完成指令，才表现出坚持性的意志品质。2~3岁时，随着幼儿自我发展，他们的独立性、自主性和自控力不断增强，出现了第一个反抗期，尝试独立做事，要自己穿衣服，不喜欢喂饭，喜欢自己拿勺子等，这些都是意志行为的体现。另外，幼儿也能够通过一些简单的语言来调整自己的行为。但这个阶段，幼儿的意志行动都是比较初级和简单的，主要表现在自控力还不足，很容易受到外界环境的影响。

二、社会适应发展相关知识

0~3岁婴幼儿的最初社会适应能力与最亲密照顾者的养育行为密切相关，养育特征影响着依恋的形成和信任感的建立，对婴幼儿养育中的忽略所带来的习得性无助感如果不及时处理，会给婴幼儿未来多方面能力的发展带来负面的影响。而敏感、耐心、亲近和合作式的积极回应型养育方式，将给婴幼儿带来长远积极的社会适应的发展，让婴幼儿更加勇敢地面对社交环境。

1. 依恋理论

心理学界研究了婴幼儿的依恋反应和类型后发现婴幼儿的依恋主要分为三种：安全型、回避型、抗拒型。安全型依恋的婴幼儿与母亲在一起时能够安心玩玩具，并不是总依偎着母亲，而是更多看母亲，跟母亲微笑和交谈，在陌生环境积极探索，母亲不在的时候会表现出苦恼，但是母亲回来后很容易被安慰。回避型依恋的婴幼儿对母亲是否在场无所谓。抗拒型依恋的婴幼儿表现得很矛盾，母亲离开的时候会大吼大叫，母亲回来时会反抗接触。

依恋对婴幼儿发展有长远的影响，安全的依恋有助于促使婴幼儿产生积极的探索能力。研究表明，安全型依恋的婴幼儿比其他依恋类型的婴幼儿更容易对事物产生积极的兴趣，更喜欢主动探索，在解决问题中更容易表现出持久性和稳定性。另外，依恋的质量也会影响同伴关系的发展，安全型依恋的婴幼儿比其他依恋类型的婴幼儿更容易接触，情绪比较愉快，攻击性低，具有更强的社会适应能力和社交技能。

婴幼儿依恋的对象不仅仅是母亲，还包括那些固定陪伴他们的人。适宜的人际互动环境、及时而丰富的积极回应，往往比母亲长时间的陪伴更有利于婴幼儿社会适应性的培养。

2. 习得性无助

习得性无助指的是那些困在无法预测及无法掌握的环境中的婴幼儿，表现出的一种情感、认知和行为上的消极的反应形态。一项研究显示，如果照顾者只是按时喂养和换尿布，却不对婴幼儿的哭泣行为给予回应，婴幼儿就会学习到哭是没有用的，他们无法通过无意识或是学到的动作引发照顾者的任何反应，很快他们就再也没有做任何动作的动机了，变得没有活力。这些婴幼儿发育严重迟缓，1岁才会坐，4~5岁才会走，6岁的时候，他们的智商可能只有正常儿童的一半。婴幼儿成长中需要得到及时的回应和有趣的互动，避免习得性无助。足够的照料和开心的心情是婴幼儿良好社交情绪、智力和生理成长的基础。

3. 信任的发展

婴幼儿从出生开始，逐渐对所在世界中的人和物形成一种信任感，这个阶段大约维持到18个月。他们需要发展信任感来促使形成亲密关系，也需要发展不信任感来保护自己。有学者认为，如果信任占主导，婴幼儿会获得期望的美德或是力量，即关于他们的需求能够得到满足和愿望能够实现的信念。相反，如果不信任占了主导，婴幼儿会将世界看成不友好和难以预测的，很难形成亲密关系。给予婴幼儿敏感、及时和一致的照顾，会帮助婴幼儿形成良好的信任感。他们对这个世界形成一个美好的憧憬，并勇于去探索未知的一切新鲜事物，长大后因对外界具有充分信任，而更具有创新和探索精神。

三、社会适应提升

0~2.5岁是婴幼儿社会适应发展的关键期，通过与主要照顾者的亲密接触能够形成对人的信任感，学会在不同的社交环境下进行自我调节，为进入更复杂的社交环境——幼儿园做准备。家长要学习如何从细节上培养婴幼儿对他人信任以及如何进行自我调节。

1. 信任感的培养

（1）信任感的养成，要从理解婴幼儿的需求入手，满足婴幼儿生理和心理的需求。生理上提供足够的营养，以保证婴幼儿身体健康。心理上要有感情交流，如当婴幼儿能够进行自言自语时，家长要经常及时用"儿语"回应和对话，当婴儿能听懂人的语言时，要不厌其烦地教他一些简单的动作，加快婴儿的理解力。

（2）重视亲子关系的建立。由于婴幼儿能够感知母亲的情绪和信念，如果母亲心情舒畅，他们也会十分高兴。此时，家长要经常和孩子接触，把自己对生活正面的理想信仰传授给婴幼儿，也要注意自己的言行对他们的影响，给他们做信任的示范。家

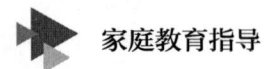

长对婴幼儿、对生活、对社会、对自己的不信任，会潜移默化地影响婴幼儿。基于对婴幼儿创造良好亲密关系的理解，母亲产后抑郁的治疗与重视，需要全社会高度关注，产后抑郁不仅仅会给母亲带来不良体验，对婴幼儿的发展具有重要意义。

（3）适度给予婴幼儿少量不信任的体验。要培养孩子的信任感并不是事事都要满足他们的需要，而是信任感要超过不信任感。让婴幼儿有不信任感的体验，但是要注意不信任感的频率和强度。完全满足婴幼儿所有的需求，不但无法帮助他们建立信任感，反而会使他们对外界形成错误的期望，加大了自己体验失落的概率，缺乏客观的生活体验。

2. 自我调节能力的发展

婴幼儿自我调节的能力从出生后几天就出现了。婴儿能够在出生后的头 3 个月中，调节唤醒和睡眠的状态。调节感觉和动作，并自我安抚，远离让他们不安的东西。随着他们伸出手来形成意图，并形成初步的自我意识，他们的控制能力开始出现并发展。接着，婴儿表现出对社会或任务要求的意识，并开始遵守家长的要求。在婴儿不断地行动、调查和探索中，自我意识已经能够主导他们更好地控制自己的行为。

出生一年的婴儿就会服从照顾者的指令。如果照顾者能够尊重婴幼儿是独立的个体，并根据婴幼儿的需要调整日常活动，那么婴幼儿就会有亲和力和独立性，能够独自玩耍和与照顾者相互协作。在这个阶段，母亲和婴幼儿之间的相互合作体系已经建立。

四、实际问题分析及解决策略

问题： 2 岁的男孩在吃饭的时候通过哭闹的方式拒绝吃饭，奶奶觉得孩子吃不饱，坚持要喂孩子，但孩子直接把奶奶的勺子给扔了，而且很讨厌吃饭。

分析： 有一种"冷"叫妈妈觉得"冷"，有一种"饿"叫奶奶觉得"饿"。婴幼儿的照顾者经常从自己的感受来解读婴幼儿的需求，这样看似是爱的照料，其实是对婴幼儿的真实需求不敏感，忽略婴幼儿真正的需求，是一种温柔的专制互动模式。如果长期在这样的家庭互动中生活，婴幼儿的生活自理能力会滞后，自控力会不足，社交能力发展会受限。婴幼儿不愿意好好执行家人的指令，容易通过发脾气来拒绝，尝试挑战不安全的行为。家长太专制会导致婴幼儿认知和社交技巧发展得迟缓。建议家长和婴幼儿建立威信模式，让婴幼儿感受到尊重、公正、温暖，能进行开放性的沟通，能合理、一致、适当地交流，让婴幼儿的需求被家长听到，让婴幼儿拥有选择权。

策略： 家长在满足婴幼儿的健康需求的基础上，要看到婴幼儿的心理需求，2 岁的孩子已经有很强的自我意识，想自己尝试很多事情，也有自己的感觉，需要学会做力所能及的事情，如吃饭、穿衣等。家长要理解孩子的心理状态并尊重孩子。另外，要从行为上正向引导孩子独立完成自己的事情并帮助其表达自己真实的感受，让孩子尝试表达并完成自己的事情。虽然规则是家长制定的，但也应该是合理的。

举例： 家长给孩子准备饭菜的量不要太大，要征求孩子的意见，如问孩子："宝宝，请问这些够了吗？"教孩子通过点头或简单的表达回应。让孩子可以很快做到自己拿勺子或用手独立吃完。如果孩子还需要更多，可以跟家长提出。

总结： 婴幼儿的社会适应力需要在生活的点滴中逐渐培养起来，家长要理解婴幼儿这个年龄阶段的成长需求，教婴幼儿表达自己的需求，并满足他们的需求，才能给他们提供一个良好的示范。如果无视他们的内在需求的表达，不但无法让他们学会有效沟通，还会激发他们的不良行为。

学习单元 5

认知发展

婴幼儿的认知是他们认识、理解事物和现象，保存认识结果，利用相关的知识和经验来解决实际问题的过程。认知的发展具体包括感觉、知觉、注意、记忆和思维能力的发展。这些认知能力的发展贯穿于整个婴幼儿期的各种婴幼儿的亲身体验中。

这个时期的婴幼儿通过发展感知觉来认识世界，通过对世界的探索来发展专注力，在感知觉和专注力的共同作用下，发展了不同类型的记忆，又在言语介入后形成和拓展了不同维度的思维方式。在这个认知发展的奇妙旅程中，婴幼儿依然需要照顾者积极正向的有效陪伴、有效输入和有效引导，以充分提升婴幼儿的认知能力。

一、认知发展特征及规律

1. 感知觉的发展

认知能力中最早发展也是发展最快的是感知觉。在胎儿或新生儿时期，各种感知觉已经发生并发展。

（1）视觉的发展。婴儿的视觉专注力从新生儿集中5秒到3个月的7~10分钟，注视的距离也从新生儿阶段的1.5米到3个月的4~7米。6个月的婴儿已能够注视远距离的物体。同时，婴儿的视敏感度也逐渐改善，1~2岁的幼儿视力为0.5~0.6，4~5岁的儿童视力趋于稳定。此外，婴幼儿的颜色视觉也在发展，4个月时只能区分红和绿，11个月时可以分辨红、绿、蓝、黄四种颜色，13个月时能认识6种颜色，24个月时可以说出15种颜色。婴幼儿对颜色的偏好依次为红、黄、橙、蓝、紫、绿。他们对颜色的喜爱还出现了性别差异，男孩喜欢蓝色，而女孩更喜欢红色。

（2）听觉的发展。婴儿的听觉发展很迅速。4~6个月的婴儿比之前更加主动积极地倾听人声，尤其注意母语中有意义的语音变化。6个月以后的婴儿能够尝试理解别人的语言。7~10个月的婴儿能够辨别句子中自然和非自然的停顿。9个月的婴儿对有节律的词很敏感，也对符合自己母语重音规则的口语更加感兴趣，表现为倾听的时间更长了。

在音乐感知力方面，4个月婴儿喜好聆听音乐，并且伴有身体的反复运动，但动作运动和音乐还不同步，也不协调。半岁以后，婴儿在喜爱的音乐声中，能够做出有节奏的动作。18个月时，10%的幼儿已经能够协调身体运动和音乐节奏之间的关系。2岁时，幼儿已经能够静下心来聆听音乐并伴随着舞蹈。

（3）触觉的发展。触觉发展是婴儿认识世界的必要条件，4个月之前的婴儿主要通过口腔接触和探索外界。1个月的婴儿能够凭借口腔辨别软硬不同的物体，如乳头。4个月的婴儿能够区分不同形状和软硬程度的乳头和奶嘴，这个阶段的婴儿出现初步的视触协调能力。5个月的婴儿开始有意识地根据视觉指导自己的身体行动，视觉触觉协调能力才真正发展起来，对新物体的探究更加准确和仔细。7个月时，婴儿开始积极、主动地探索。

婴幼儿触觉的发展水平与其是否为剖宫产婴幼儿相关。临床数据显示，剖宫产婴幼儿70%以上出现上呼吸道系统疾病，如支气管炎、上呼吸道敏感等症状。同时"触觉敏感或迟钝"发生率较高，对婴幼儿后续生理及心理发展存在明显影响。触觉敏感或迟钝，导致婴幼儿成长中有关情绪调控和人际交往存在一定困难，产生系统性影响。适度针对剖宫产婴儿进行有效的触觉训练，如抚触训练，将明显缓解影响。

（4）味觉的发展。新生儿已经发展出味觉，他们对甜味有偏好，对苦味也能尝出来，虽然说不出苦，但是表情怪异。6~8个月，添加辅食与味蕾的快速发展有关，此时期提供更多味觉刺激，有利于婴幼儿味蕾的发育，为成年后对味觉更为敏感奠定基础。

味觉随着婴幼儿的年龄增长而逐渐停止发展，味蕾对不同味道的敏感度随年龄增长有所降低。

（5）嗅觉的发展。新生儿在出生时就能够区分好几种不同的气味，包括母亲的气味和母乳的气味。他们对于不同的气味会做出不同的反应，闻到好闻的气味，面部肌肉会放松，闻到不喜欢的气味，会噘嘴。

2. 专注力的发展

婴儿的神经系统迅速成熟，他们的专注也快速地发展，主要体现在从无意注意发展到选择性地注意。研究者采用视觉偏好来研究新生儿的专注选择的发展，发现新生儿视觉偏好从出生2天就出现了。他们喜欢看曲线多过看直线，看复杂的不规则图案多过看简单的规则图案，注视三维物体比二维物体更久，更专注移动而不是静止的物体，更注意人脸的图片而不是其他物体的图片，注视同一中心的刺激物多于不同心的刺激物，偏好对称的刺激物，从只关注形体外周向形体的内部因素发展，从专注局部向整体发展。

3~6个月婴儿对外界的探索更加主动积极，专注的时间也增长。看得见的、可操作的物体更能引起他们的持久注意，这时的注意开始受到知识和经验的支配。6~12个月婴儿的专注对象和选择的范围扩展了许多，其选择性主要受婴幼儿认知范围概念影响。1岁以后，幼儿由于言语能力的发展，他人的言语提示或指导对幼儿专注力发展有一定的制约和调节作用，这使得幼儿专注时间逐渐增长，专注的对象增多，专注的范围变大。另外，专注力的转移和分配能力有了较大的发展，到3岁之前，有意注意已经发展，幼儿能够注意到周围环境的变化，并和认知的过程联系起来。

3. 记忆力的发展

婴儿期是个体记忆发展的第一个高峰期和关键期。婴儿最早的记忆力在新生儿末期就已经具备。2~6个月的婴儿在2天到2周的间隔期后，仍然记得能够通过踢动来使玩具移动，当玩具被放到婴儿面前时，他会立刻做出踢的动作。3个月的婴儿对操作条件反射的记忆能保持4周之久，也具备了初步的长时记忆能力。条件反射的保留时间会随着年龄的增长而变长，2个月的婴儿会保留2天，18个月的幼儿会保留长达13周。另外，婴儿的记忆跟婴儿的泛化能力相关，2~6个月的婴儿只有在看到最初物件呈现时才会重复习得的行为。而9~12个月的婴儿在2周之内看到与最初物件同类的物件都会重复习得的行为。

婴儿的记忆还表现在"再认"的能力上，年龄越大，"再认"能力越好。有学者研究显示，婴儿对陌生人的"怯生"反应是在5~6个月以后出现的，表情严肃，笑得少了，甚至哭闹。6个月婴儿的"再认"和回忆的能力都发展得很快，婴儿用行动表现出初步的回忆能力，如主动寻找藏在已知点的物体，甚至找出不在眼前的已知物体。这与皮亚杰所说的婴幼儿客体永久性的发展一致。此阶段出现的"怯生"行为，是客体永久性能力获得的一个标志性行为。

另外，婴幼儿的回忆能力还表现在延迟模仿上。1岁的婴幼儿还不具备延迟模仿的能力，而2岁的幼儿已经能够稳定地延迟模仿了，这是婴幼儿的记忆力走向成熟的一个标志。而且婴幼儿期的机械记忆也有了一定的发展，并且有相当大的潜能。

4. 思维的发展

思维是认识过程的理性阶段和高级反应形式，思维是在感觉、知觉、记忆等过程的基础上形成的。婴幼儿从出生开始就是非常积极的探索者，他们在内部驱动下不知疲倦地探索周围事物。新生儿是通过循环反应来认识世界的，最初的循环，是偶然引起的婴儿自身感觉的反应。这些动作可通过重复而被加强，从而形成一种新习得的行为。

婴幼儿通过各种感知觉的体验来探索更大的环境，建立自己和环境之间的关系。随着专注和言语的发展，婴幼儿开始对认识的事物进行归类。最初的归类基于事物的知觉特征，如形状、颜色和类型。到 1 岁左右，归类变得概念化，如功能、特点和类别。10~11 个月的婴儿能够把有斑马图案的椅子归类为家具而不是动物。14~18 个月的幼儿听到物品的命名或功能描述后便可对其进行归类。婴幼儿能通过体验来建立因果关系的概念，也就是理解了一件事情会导致另一件事情发生。通过社交游戏和不断地重复，婴幼儿也发展出了客体永久性和数量的概念，这些具体的概念为婴幼儿发展出更高级的思维形式奠定了底层逻辑思维基础。

思维的发展说明婴幼儿已经具备了人类的各种认知过程，也使婴幼儿的心理发展发生了一个重大的质变。

二、认知发展相关知识

婴幼儿对空间的探索和了解需要在体验中完善。大运动的发展帮助婴幼儿探索更大的空间，精细动作的发展让婴幼儿的视觉能够被运用到方方面面，也帮助婴幼儿体验到真实的因果关系，让婴幼儿有了更多的操控感，从而更好地促进了空间知觉的发展。

1. 空间知觉发展

空间知觉是由视、听、触和动觉联合活动整合而成的复杂知觉，是人对客观世界物体的空间关系的认识。婴幼儿主要的知觉包括形状知觉、大小知觉和深度知觉。形状知觉是对物体的形状或几何图形的反应，婴儿在 3 个月大的时候能够分辨简单的形状。在 8~9 个月的时候，婴儿已经获得形状知觉的恒常性，此时婴儿出现乱扔玩具的行为与理解恒常性有关。婴儿在 6 周时已经获得大小知觉的恒常性。在 2 岁半到 3 岁的时候，幼儿判别平面图形大小的能力迅速发展。深度知觉是指个体对立体物体或两个物体前后相对距离的知觉。研究显示，2~3个月的婴儿已表现出对深度的理解，4~6个月的婴儿面对有深度的危险区域能够做到躲避。

2. 因果关系的觉察和发展

因果关系是指一件事情导致另一件事情的发生，理解因果关系能够帮助人们预测和控制自己的世界。婴儿出生第一年内对因果关系理解的发展很缓慢。4~6个月的时候，婴儿通过体验自己能够抓住物体，意识到自己的操作能够改变周围事物，但他们还并未真正理解因果关系。直到1岁的时候，婴儿才真正意识到外界的力量可以导致事情的发生，婴儿通过不断地积累有关事物如何运转的信息，能够将因果关系看作是各个情境下的普遍原则。

学步期（1.5~2.5岁）幼儿认知发展比婴儿期向前跃进了一大步，因为他们有记忆力，能够以不够成熟的能力进行心理运算。因果关系概念的发展是学步期幼儿的学习焦点。例如，他们非常喜欢玩电灯的开关，会不断地开开关关，并观察开关之后电灯的变化，直到他们的心智年龄终于将这两者之间的因果关系联结在一起为止。幼儿在社交互动关系中也一样不屈不挠地探索因果关系，他们会伸手指去触碰电源插座表示想玩，即使成人很有耐心地一再重复"不行"，他们仍不罢休。最后，幼儿可能会一边触摸电源插座，一边摇头，严肃地说着"不行，不行"。他们全神贯注地将自己的动作（触摸）与成人的话（不行）联结在一起，但完全没有去想成人的重点是不可以摸插头。

这些经验的获得，离不开日常生活中充分而丰富的经历。0~3岁阶段的养育策略和环境设置，决定了未来孩子们各项能力发展上的差异。

三、认知发展提升

婴幼儿认知能力的发展离不开全方面满足婴幼儿的渴望。3岁以前的婴幼儿渴望多元的刺激，家长应使婴幼儿的感知觉得到满足。让婴幼儿到新环境中看一看、听一听、摸一摸，他们会在快乐中得到刺激。自主探索和学习也是发展认知的前提，在保证安全的情况下，要多鼓励婴幼儿对环境进行探索，同时加上有效的言语刺激，这些是这个时期促进婴幼儿认知发展的关键。

1. 探索的重要性

0~3岁的婴幼儿需要探索环境。一个健康、发展良好的婴幼儿，有无穷无尽的好奇心。有时他们对探索的渴望甚至超过一切其他需求。一个因为长牙不适的婴幼儿正

在哭闹，而当母亲带他去冰箱旁边拿他专用的咬牙器时，冰箱才刚打开，他就不哭了。因为冰箱打开时，他看到了白白的烟雾，皮肤感觉到一阵清新的冷风，这些都是他之前没有体验过的。那一瞬间，他已经忘记了牙痛。

学步期的婴幼儿之所以喜欢学习走路，就是因为能够四处移动的吸引力超过了他们对可能摔跤和受伤所产生的恐惧。他们离开照顾者的保护，去发现新事物的喜悦使他们将谨慎小心抛在脑后。如果一个婴幼儿缺乏强大的驱动力——好奇心来引发动机，他很可能会选择一直待在母亲温暖的怀抱里，而不是去探索外面惊险刺激的世界。

爱探索的婴幼儿就像雏鸟一样。它们小时候待在舒适、安全、牢固、不愁吃的鸟巢中，但是到了某一刻自然的驱动力会驱使他们向前迈出不安全的一步，跳到半空中不断地拍打翅膀，直到学会飞翔为止。这对于雏鸟来说可谓是害怕又令人振奋的一刻，对于旁观的成鸟来说，又何尝不是呢？在养育过程中，家长过度的限制与保护阻碍了婴幼儿进行发展所必需的各种体验，导致当下众多发育迟缓现象的发生。这种情况对婴幼儿发展带来的损害远超出人们的想象。

2. 营造良好环境提高认知发展

满足婴幼儿的渴望和好奇心能够保护婴幼儿自主探索的信心和勇气。

首先，要多让婴幼儿的感觉能力得以发展，让婴幼儿多看、多听、多嗅、多摸。家长要多为婴幼儿创造看各种不同的图形和颜色，听不同的声音，尝试不同的味道，触摸不同质地的物品的机会。在满足婴幼儿好奇心的同时，也满足了他们渴望刺激的需求。

其次，加强言语刺激，培养婴幼儿的语言能力。语言能力的培养要做到"润物细无声"，从婴幼儿的视角帮他们命名和描述，在需要用到语言表达需求的时候，及时引导和强化婴幼儿的表达。

最后，带婴幼儿到户外活动，接触外界的事物。大自然是学习的舞台，让户外活动满足婴幼儿的好奇心。带他们在树下观察蚂蚁，去森林里拾树叶，认识川流不息的车子，在海边的沙堆里玩耍，体验不同类型的风。这一切都是人类的语言无法描述的体验。在真实的体验中，婴幼儿才能够茁壮成长。反观当前的家庭户外活动，停留在为了保持卫生，不让孩子们体验小溪，为了着装整洁，缺少了攀爬与嬉戏，"虚假的户外活动"不能激发孩子们成长所必需的内心体验。

虽然刺激要多样，但是还要考虑婴幼儿是否能够接收到，要在时间和程度上做到适度。给婴幼儿刺激的时间不宜过长，强度不宜过大，注意婴幼儿的情绪，避免过度的刺激给婴幼儿带来不良反应。

四、实际问题分析及解决策略

问题：如何在家为3岁以前的婴幼儿开发智力？

分析：虽然遗传因素在智力的发展方面起到很大的作用，但是后天的学习也为婴幼儿的智力开发起到至关重要的作用。美国研究人员运用环境监测家庭观察法对婴幼儿的家庭进行评估，发现早期家庭环境中的7种因素能促进婴幼儿的认知和社会心理的发展，具体如下。

（1）鼓励探索环境。

（2）基本认知和社交技能的指导。

（3）及时表扬发展和进步。

（4）实践和拓展技能的指导。

（5）避免不适当的谴责、戏弄和惩罚。

（6）及时的回应和充分的交流。

（7）对行为的指导和限制。

策略：

（1）在出生后几个月，给婴儿提供感官刺激，但要避免过度刺激和分散注意力的噪声。

（2）当婴幼儿长大一点后，创造一个有利于学习的环境，包括书本，能吸引注意力的物体（并不一定非得是昂贵的玩具）和供孩子玩耍的场所。

（3）对婴幼儿发出的信号给予回应。这样做能帮助婴幼儿建立一种信任感，认为世界是友好的，并给婴幼儿一种能控制自己生活的感觉。

（4）给婴幼儿提供能改变形状或能移动的玩具，让他们知道自己有能力带来变化。帮助婴幼儿发现拧动门把手可以打开门，按下开关可以开灯，打开水龙头便会流出自来水。

（5）给婴幼儿自由探索的空间。白天不要总是把他们限制在婴儿床、弹跳座椅或小房间内，提供给他们在游戏围栏内玩耍的时间不要太短。婴幼儿想探索周围的环境，那就让他们这样做吧！

（6）经常对婴幼儿说话。听收音机或看电视不能使他们学会语言，他们需要和成人交流。

（7）在与婴幼儿说话或玩耍时，要随时关注婴幼儿感兴趣的事物，而不是设法把他们的注意力转移到其他地方。

（8）安排学习基本技能的机会，如标记、比较或将物品分类（如按大小和颜色分类），按次序摆放物品，观察行为产生的结果等。

（9）对婴幼儿学到新技能要表示赞赏，并帮助他们进行练习和拓展。在婴幼儿附近观察，但不要徘徊。

（10）从婴幼儿较小时便开始用温暖、关爱的语气给他们读书。大声阅读和对故事进行讨论有助于培养婴幼儿的早期读写能力。

（11）尽量避免惩罚婴幼儿。不要惩罚、嘲笑、奚落正常的试错探索。

总结：婴幼儿智力发展既要考虑天生条件，又要做到后天刺激。要为婴幼儿提供一个正向行为的环境，多创造有规律并安全的生活环境，多提供不同的刺激，让婴幼儿的感知觉得以开发，多阅读婴幼儿感兴趣的图画书和故事，多鼓励和肯定婴幼儿的学习行为。

学习单元 6

特殊教育

婴幼儿早期干预特点要突出一个"早"字,早发现,早诊断,早治疗。早发现既包括对先天疾病的预防、筛查、诊断、治疗,也包括对后天疾病的觉知。早发现,早干预,防止婴幼儿因干预不及时或方法不当致残。

家长是早期干预的主导者、实施者,也是需要支持的主要对象。

一、早期干预特征及规律

1. 早期干预

早期预防分三个阶段,出生前的预防、出生过程中的预防和出生后的预防。

(1)出生前的预防

1)禁止近亲结婚。

2)避免高龄生育。

3)防止 X 射线的影响。

4)预防疾病感染。

(2)出生过程中的预防

1)避免以药物引导的无痛分娩。

2)减少难产。

3）防止滥用催产素。

4）避免出现早产儿、低体重儿。

（3）出生后的预防

1）避免发生残障现象，防止神经系统方面的疾病，防止高烧、抽搐、脑炎、缺氧昏迷等。

2）预防脑外伤。

3）慎用药物。

4）增加丰富的营养。

5）改善生活环境，防止因环境因素致使孩子的智力低于普通孩子。

事实证明，出生前、出生时、出生后的种种致病因素是真正阻碍孩子大脑和神经系统发育并导致各种残疾和障碍的根源。

2. 早期发现

早发现有利于早期治疗和早期康复训练。家庭是孩子最初成长和经常生活的环境，特别是早期，家长与孩子接触时间最长，了解也最多，是早期发现孩子问题的人员之一。另外保健机构的医务人员、学前教育机构工作人员也有早期发现的职责。

3. 早期诊断

早期诊断分为医学诊断、心理诊断和教育诊断三个方面，均应由受过训练取得合格证书的专业人员承担。

4. 早期治疗与矫治

早期治疗与矫治是指医学干预。如对患苯丙酮尿症婴幼儿的早期食物治疗、对听力障碍婴幼儿的人工耳蜗植入、对视力障碍婴幼儿的白内障复明手术、对言语障碍婴幼儿的唇腭裂修复手术、对多动婴幼儿早期药物（哌甲酯等）治疗。

5. 早期缺陷补偿与功能训练

早期缺陷补偿与功能训练是医学干预与教育干预的有机结合，体现"医教结合"的思想，如听力障碍婴幼儿助听器的配备与听力语言的训练、视力障碍婴幼儿（低视力）助视器的配备与视功能训练、肢残婴幼儿辅具的配备与移动训练等。

6. 早期智力开发

特殊婴幼儿与普通婴幼儿一样，早期智力开发可通过丰富的刺激信息及各种活动使婴幼儿的智力健康发展，如数数、识字、背诗、弹琴、唱歌、参观、游园活动等。

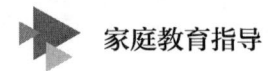

7. 早期人格培养

早期人格培养涉及正确的情感、态度、价值观的形成，是特殊婴幼儿早期干预成功与否的重要环节，将使特殊婴幼儿终身受益。如正确建立自我概念，形成自尊、自立、自强的人格特征。

8. 早期干预模式

从干预理论的角度，早期干预模式可分为身心发展模式、认知发展模式、行为分析模式、生态学模式。应建立以医疗服务为中心、以家庭为依托和以康复中心为基础的特殊婴幼儿早期干预模式。

二、早期干预相关知识

1. 器官"用进废退"说及功能代偿说

任何器官不经常使用，就会逐渐衰弱，功能减弱，以致最后功能丧失。经常负重和运动的器官神经刺激丰富，血液循环畅通。这就是个体发育中的"用进废退"。早期干预使特殊婴幼儿相应的器官不会退化萎缩，保留适当的功能，防止致残或减轻残疾程度。

当机体的某一部位或器官发生病变或功能失常时，有机体通过新条件联系的建立，可调动器官的残存能力或其他器官的能力对失去的功能进行补偿或代替。这就是器官的代偿作用。如盲童出色的触觉、听觉能力，聋童出奇的视觉观察能力等。

2. 盖塞尔的"生物成熟论"

该理论认为成熟与内环境有关，学习与外环境有关。不成熟就无从产生学习，学习只是对成熟起一种促进作用，成熟是学习或训练的基础，只有在成熟的基础上进行学习或训练，才能有效而成功。对于特殊婴幼儿，成熟时间可能晚于普通的婴幼儿，家长在训练时要注意这一成熟时机。

3. 关键期理论

目前人类在发展上存在的关键期有以下几个。

（1）脑发育和智力的关键期。出生后的前3年是婴幼儿脑发育的关键期，也是智力提高最快的时期。在这个关键期，需要有外界足够的听、视、触觉等感官刺激，以及充足的营养物质，婴幼儿神经细胞的各种功能才会渐渐发达，刺激越多，发展越快。

（2）言语发展的关键期。一般认为，4~5岁前是孩子言语获得的关键期。1~3岁阶段婴幼儿出声异常，缺乏专业的支持，将对其掌握言语带来巨大的影响。这为特殊婴幼儿的早期语言训练，尤其是听力障碍婴幼儿的听力语言训练、智力障碍婴幼儿的语言训练提供了有力的时间指标。

（3）人格与社会性发展的关键期。婴幼儿在环境中应付困境的方法和策略而形成的特殊行为方式，即婴幼儿的"生活风格"。童年时"生活风格"适应不良，往往会导致成年后精神症状的产生，如强迫症、性变态、攻击性行为等均与早期生活环境的不良影响有关。6个月到3岁是婴幼儿依恋形成的关键期。安全型依恋不仅给孩子提供了情绪安全的基地，而且为婴幼儿今后自我发展和社会交往质量奠定良好的基础。

（4）器官致畸敏感期。如婴幼儿耳毛细胞对链霉素、庆大霉素的敏感反应，造成药物致聋现象。

4. 行为学习理论

生理学家巴甫洛夫的经典条件反射学说与新行为主义心理学家斯金纳的操作性条件反射学说各有各的特点，但二者本质都依赖强化。经验表明，在语言和社会技能干预过程中，采用应用行为分析和斯金纳关于语言行为的分析，能够促进婴幼儿的显著进步。

5. 社会学习理论

心理学家班杜拉认为，社会学习是个体为满足社会需要而掌握社会知识、经验和行为规范，以及技能的过程，社会学习可分为观察学习和亲历学习。观察学习是指个体通过观察榜样的反应行为而获得类似行为的过程，亲历学习是个体直接对刺激做出反应并从反应结果中获取信息的过程。

在这个理论支持下的特殊婴幼儿早期干预强调模仿学习以及榜样的作用。

6. 相互作用理论

遗传与环境相互作用理论和生态系统理论指出，对特殊婴幼儿而言，外界刺激的获得可以防止致残器官及相关器官进一步恶化。一项研究表明，对新生儿进行耳声发射的听力筛查，发现新生儿耳聋后，在出生1个月左右配助听器，在牙牙学语时就开始言语训练，可使大多数聋儿做到聋而不哑。

而生态系统理论则从整合的视角，强调了早期干预中一些容易被忽视的重要因素，提示不仅要强调微观系统（家庭、幼儿园、学校、社区）的作用，还要关注其他系统（社会文化、时代）及各系统之间的互动关系（家校、社会阶层、视听媒体）等。

三、早期干预水平提升

1. 系统化

早期干预的流程一般是评估—实施—再评估—再实施的循环，婴幼儿在这个过程中能力螺旋提升。评估是在诊断的基础上，通过对医学诊断（疾病诊断）、心理诊断（问题诊断）、教育诊断（综合分析测试、观察、访谈结果提出干预建议）制订出个别化教育计划的过程。其中教育诊断总领学校（幼儿园）教育、家庭教育、康复训练三条主线，应制订综合性教育计划。实施一段时间后，进入再评估、再实施的循环。

2. 家庭化

综合性教育计划的实施，主要牵头人是家长。家长一方面要寻求专业人士的指导与支持，在康复中心进行密集的专项训练。另一方面，要积极开展家庭早期干预。家庭干预的内容如下。

（1）促进身体机能的康复与运动能力的发展。第一，提供营养丰富的食物。第二，加强身体锻炼。这是促使特殊婴幼儿体质由弱变强的有效手段。第三，专业康复机构有针对性的生理康复训练。

（2）促进生活自理和独立技能的发展。学龄前是培养婴幼儿良好生活习惯和自理技能的关键期，生活自理技能是其今后顺利生活的基础，也是融入社会、被他人接纳的必要保证。这主要内容有穿衣、进食、个人清洁、如厕的自理能力，作息规律的养成，以及安全防范等。

（3）促进社会适应的发展。社会适应是个体适应社会所需的心理素质，不是一朝一夕形成的，也是家庭干预的重要内容之一。这主要包括良好的个性品质、语言能力与社会交往能力。家长要注意自己的言行示范性，婴幼儿的气质特点以及发展阶段性，选择合适的方法进行干预。

（4）促进认知能力的发展。参照普通婴幼儿的发展规律，结合家庭生活培养婴幼儿对周围事物的认知。在家庭生活中，既要防止不顾婴幼儿发展的年龄特征和个体的成熟度定位，方法不当，或过度要求，造成家长和婴幼儿间的对抗，又要防止低估了婴幼儿的能力，放弃或剥夺了他们认知成长的机会，造成因家长的过度包办、替代使婴幼儿丧失学习机会的情况。

四、实际问题分析及解决策略

问题：怎么教有不同生理缺陷的特殊婴幼儿用勺子吃饭？

分析：对于特殊婴幼儿来说，使用工具是综合能力发展的重要标志。由于生理缺陷不同，特殊婴幼儿能够自己用勺吃饭的难度各不相同。对单纯听力障碍的婴幼儿，其动作的发展甚至优于普通婴幼儿，适当辅助和引导即可。对视力障碍婴幼儿，家长的辅助内容和时间要更长些。首先是语言的辅助，介绍桌上的食物及位置。其次，婴幼儿面前的餐具摆的位置要固定。最后，手扶着孩子的手操作，再逐步放手，或将食物混合后食用。对于脑瘫、孤独症谱系障碍、智力障碍或其他疾病的婴幼儿，实现用勺子吃饭需要更多的动作准备训练，有的需要在医生或康复师的指导下进行。

策略：

（1）干预前一起制订家庭干预方案。这个方案不一定写在纸上，但所有家庭成员都必须知道且明确自己的任务。一方面要了解使用勺子应具备的生理条件，另一方面要对学会用勺子吃饭的目标进行分解，对达成目标的过程，即阶段性目标心中有数，再共同探讨方法、路径、时间安排等。

（2）动作准备。第一步，手把手教婴幼儿学习大把抓，锻炼手眼协调能力。可抓大块积木或其他能抓到的体积较大的物品。第二步，学抓小的物品，锻炼准确性和手指灵活性。第三步，用大勺舀米、挖沙土、捞水里的物品。第四步，用小勺给玩具娃娃喂饭。

（3）养成良好的进食习惯。每次进食前让婴幼儿先洗手，养成饭前洗手的好习惯。进食时，为他准备好婴幼儿椅、餐具、围兜，跟家人一起就餐。当婴幼儿开始自己吃饭时，常常把饭菜弄撒，米粒吃得满脸都是，家长应鼓励他，让他始终在愉快的心情下进食。饭后，擦嘴巴，把碗筷给妈妈，并说："我吃饱了（或拍拍肚子，或竖起大拇指）！真好吃，谢谢妈妈！"

总结：特殊儿童用勺吃饭应成为家庭教育中一项重要的技能。实际案例中，7~8岁的孤独症儿童仍不会咀嚼，食物要剪碎了吃，不会使用勺子、筷子等工具进食，严重影响了他们的生活质量。把这些生活技能作为训练的载体，从小抓起，将身体机能训练、语言训练、认知发展、社交训练紧密结合在一起，在生态化环境下进行家庭干预。

上述策略只是一般方法，供家长在实践中参考。

培训任务 2

3~8岁儿童家庭教育

3~8岁是儿童价值观的萌芽期，儿童通过对外部评价的理解和执行，形成对自身的要求并逐渐内化，这对儿童价值观念和自信的建立颇为重要。常规人生经历，有4次本质上的变化，入园、入学、开始工作和结婚成家。成人应重点关注孩子0~8岁生活中的2次重大环境变化，这对孩子们成长意义极其重要。

第一次变化：3岁进入幼儿园，儿童从亲密关系进入平等且相对安全的社会关系中，此阶段生活对儿童的生活自理、言语表达、社会适应等方面提出一定的要求。幼儿园阶段儿童的学习以游戏活动为主，此时的游戏活动注重过程，不强调结果，以尊重儿童的个体差异、回归生活情境为核心。

第二次变化：6岁进入小学，全新的环境是每一个孩子必须面对的，上学是儿童需要履行的社会义务。这时学习方式从相对松散的游戏逐渐过渡到统一的课堂学习方式，评价也逐渐形成一致、可量化的标准。

外部环境和评价方式的变化，导致儿童出现大量不适应行为。中国科学院心理研究所"城镇化过程中儿童积极行为塑造模型（PBCCI）及其应用研究"项目组对影响3~8岁儿童行为的因素进行了深入研究，建立了"儿童积极行为模型"。该研究得出以下两个结论。

一、影响3~8岁儿童行为的主要因素来自儿童基础能力的发展水平。

二、意愿伴随年龄增加，对儿童行为影响越来越重要。

项目组通过实证研究证明，儿童基础能力发展水平，决定小学低年级学生适应水平及学业表现。

近年来，儿童入园和入学问题越发凸显。小班的"分离焦虑"，儿童在幼儿园里面哭，爸妈在门口哭；中班儿童打架，导致双方家长大打出手；大班儿童超前、超纲学习知识；一年级学生写作业把家长气到住院治疗；三年级出现更多的厌学情况；各地儿童医院相继出现儿童"学习困难"门诊……这些情况说明本阶段儿童的基础能力发展水平不足，已严重影响儿童适应水平和学业表现。我们应整体地看待3~8岁儿童的发展，《教育部关于大力推进幼儿园与小学科学衔接的指导意见》（教基〔2021〕4号）中，明确指出教育教学方式应主要采取游戏化、生活化、综合化等方式实施。要关注儿童发展的连续性，尊重儿童的原有经验和发展差异。以帮助儿童顺利适应小学要求作为本阶段的发展目标，是科学而严谨的教育策略。

学习单元 1

生理发展

　　3~8岁儿童具备了一定的独立性，可以学习一些简单的生活技能，参加一些简单的社会活动。此时儿童还不能很好地控制和调节自己的行为，经验匮乏，还需要成人的有效引导和帮助。

　　在运动能力方面，有数据表明，2019年与2014年相比，3~6岁儿童双脚连续跳、坐位体前屈、立定跳远，以及7~9岁学生立定跳远、50米跑、50米×8往返跑成绩呈下降趋势。

　　在身体发育方面，有数据表明，2019年与2014年相比，7~9岁学生身高、体重、肺活量水平呈现增长趋势，营养不良率持续下降。中小学生超重肥胖率和视力不良率上升速度较快。

　　同等年龄下儿童长得越来越高，也越来越壮，但身体调控、肌肉耐力和爆发力却越来越差，这导致儿童出现越来越多成人无法理解的行为。运动能力与肌肉、骨骼、大脑和神经系统的发展高相关，本阶段充足的运动量和拥有较高的运动能力水平对人一生的发展都至关重要。3~8岁也是建立持续一生兴趣爱好的最佳时间，成人应有意识地在此阶段为儿童提供建立运动习惯的良好氛围，还应充分尊重儿童以"游戏"为主的学习方式。

一、生理发展特征及规律

1. 儿童3~8岁身体发育规律

（1）身高和体重的发展。3~8岁儿童身体发育保持相对平稳的速度，其中3~5岁比5~8岁发展速度要快一些。每年身高增长4~5厘米，体重增加1.5~2.5千克。

（2）骨骼和肌肉发展。儿童骨骼比较软，比成人的骨骼含水量高。随着年龄的增长，骨骼慢慢变硬，这个过程也就是骨化的过程。骨骼的发展顺序是头、躯干、四肢，手部和腕部的骨骼比踝部和足部的骨骼骨化得更早。

随着年龄的增长，儿童肌肉变得更长、更厚、含水量降低。肌肉发展的顺序依次是颈部肌肉、肩部肌肉、背部肌肉、手臂和腿部肌肉，最终是手部和足部。

颈、肩、背部肌肉是人类最早发展的肌肉群，与身体的协调控制高度相关，影响着儿童的大运动，如走、跑、跳、投、爬的速度和协调性。

5~7岁儿童进入纤细肌肉发展的关键时期，伴随着手部、腕部骨骼的逐渐骨化，手的动作越来越灵活，这为儿童入学前的准备和入学后的适应提供了有利条件。

2. 儿童3~8岁大脑和神经系统发展规律

（1）大脑的发展。5~7岁是大脑发展的爆发期，儿童脑重继续增加，7岁儿童的平均脑重达1 280克，基本上接近成人的脑重（成人平均脑重1 400克）。

额叶是大脑的中枢，负责着记忆、判断、分析、思考、操作、决策等复杂高级的认知活动。儿童大脑各区域的成熟顺序依次为枕叶、颞叶、顶叶、额叶。

本阶段儿童大脑左右半球的功能在逐渐分化，偏侧优势也正在形成。儿童变得越来越依赖大脑的某个半球来执行各种作业。脑电测量显示，大脑两半球的发育速度不同。3~6岁，多数儿童大脑左半球出现发展的加速期，6岁以后发育趋向平稳。大多数的儿童使用右手写字，尽管大脑左右半球各有一定程度的专业化，在其他方面也是相互依存的，事实上每个半球都能够进行另一半球的工作，如右半球也进行一些语言的加工，并在语言理解能力方面起到作用。另外，大脑功能偏侧有性别差异。

（2）神经系统的发展。任何心理活动和行为需要大脑多个脑区共同处理和配合，而这些协作需要通过大脑神经元进行连接且同时传递信号。5~7岁是人生中三次神经系统爆发式发展阶段之一。当儿童体验一个新的事物时，神经元之间的突触联结就会增多，当儿童熟练并形成技巧后，有些多余的联结就会被"修剪"。这种联结虽然也受到关键期环境的影响，但很大程度上将成为永久性的。同时本阶段神经纤维的髓鞘化过程也在爆发式发展，这个过程就像给轴突提供了一个"绝缘层"，保证了大脑内部神经元之间传递信号的准确性和速度。一旦轴突被髓鞘包裹，就会很少再形成新的联结。

神经系统的发展特征显示，生活经验无时无刻不在塑造着孩子们的大脑。该特征也为"生活即教育"提供了神经学理论的支撑。

二、生理发展相关知识

1. 儿童的身体发展总体规律

儿童身体发展遵循着"头尾原则"和"近远原则"。

头尾原则是指从上到下的发展顺序，依次是头、颈、躯干、下肢。

近远原则是指从中轴向外围的发展顺序，儿童运动的发展从躯干开始向四肢，再向手和脚，最后达到手指和脚趾的小肌肉运动。

儿童的骨骼、肌肉、动作发展、运动发展都遵循着这个规律。

2. 生活任务中的运动发展

很多成人认为儿童不生病、特别喜欢运动、跑跳没问题就是发展良好。其实运动水平发展得好，主要体现在儿童动、静切换和身体调控能力上。儿童不但要具备"动起来"的能力，还要能"静下来"。

从进入幼儿园开始，儿童就要在社会环境中自己照顾自己，通过幼儿园设置的活动，训练身体控制能力、手眼的配合能力等，在老师们的引导下慢慢开始练习自己吃饭，自己找水喝，自己穿脱衣服、鞋子和袜子，自己扣扣子，整理自己的物品……这些生活活动对儿童的身体发展都属于良性刺激，具有十分深刻的教育意义。

三、生理发展提升

家庭结构的变化，导致多个成年人共同照看一个儿童，儿童成了全家的核心，无微不至的生活照顾，几乎成为全社会普遍现象。成人经常抱着或用车推着孩子；过早、过多地使用滑板车、平衡车；经常帮助儿童穿、脱衣服、喂水、喂饭；从不让儿童参与家务劳动……这些过度的保护，让儿童失去了大量本应从生活中获得的锻炼机会。

越来越便利的生活方式也在影响着儿童的发展。仅仅一双童鞋（现在的童鞋都是方便穿脱的款式，没有鞋带）的变化就让孩子损失了每天约4次，每年近1 500次手眼配合的训练机会。孩子们吃饭方式的改变（使用勺子吃饭或者由成年人喂饭）又让儿童损失了每天至少30次，每年近11 000次手部精细运动的锻炼机会。

中国科学院心理研究所"城镇化过程中儿童积极行为塑造模型（PBCCI）及其应

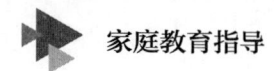

用研究"项目组经长期研究发现，儿童入学后普遍出现运动协调能力，眼部肌肉、手部肌肉发展不足的情况，对顺利完成学业造成影响。

1. 运动协调能力

运动协调能力不足表现为：玩游戏、看电视的时候总是手不停地动，抠抠这儿，挠挠那儿；儿童身体不灵活，掌握新的舞蹈或动作需要更多时间，肢体明显不协调；容易晕车；写作业总静不下来，转来转去，小动作多。

成人应适当延长儿童户外活动时间，原则上每天不低于2小时。引导儿童进行如原地拍球、滑滑梯、荡秋千、走平衡木、跳绳、踢毽子、打乒乓球、打羽毛球、踢足球、打篮球、游泳等游戏和体育活动。随着儿童年龄增长，适当提升儿童在各种游戏和活动中的难度和强度。拥有较高的身体调控能力，将明显缓解当下学业面临的困扰。

2. 眼部和手部肌肉发展

手部肌肉和眼部肌肉发展不足表现为：儿童绘画涂色总是做不好，不是涂出边，就是涂不匀；在球类游戏中总是接不住球；看一会儿图画书、电视就会揉眼睛；写字慢，经常出现抄写错误。

生活中应引导儿童自己洗脸、洗手，自己拧毛巾，自己穿脱衣服，自己擦屁股。尽量让儿童穿有鞋带的鞋子，让他们自己系鞋带。随着年龄的增长适当让儿童做家务，如收拾自己的玩具并摆放好、洗袜子、扫地、收拾碗筷、擦玻璃等。

引导儿童多进行动手、用眼的游戏活动，如拼插类游戏、绘画、翻绳儿、折纸、剪纸、球类运动等。每周不少于3次，每次不少于20分钟。

四、实际问题分析及解决策略

问题：5~7岁儿童上课坐不住，身体运动协调性差。

分析：运动协调能力，眼部肌肉、手部肌肉发展不足往往导致儿童进入小学后，在完成统一的学习任务时出现以上行为。主要原因有两个，一是肌肉的发展，二是大脑下达指令的信息通路不畅。这些需要儿童在生活中通过生活事件不断地练习才能改善。由于性别差异，本阶段儿童女孩往往比男孩表现得好一些。

跳绳项目对儿童积极意义主要有：建立数字的概念，提高专注的水平，提升身体协调性，提升心肺功能，增强肌肉耐力等。跳绳项目对提升儿童跑、跳、投等动作的发展也具有明显效果。

策略：进行跳绳游戏。

第一步，增加孩子对跳绳控制的能力。

和孩子一起抡绳，而不是跳绳。这样可以让孩子对跳绳感兴趣，也可建立对绳子控制的能力。家长可以和孩子一起"玩绳"，在身体两侧抡绳，抡绳时会发出"嗡嗡"的声音，这一点足以调动孩子的兴趣。

注意，家长一定要自己玩，而不是一味要求孩子做。要把抡绳的活动从家长的"要求"转变成孩子的"要求"，才是此阶段重点任务。至于抡绳是否到位，需要时间锻炼，这一点对于孩子持续地"要求"抡绳非常重要。

第二步，抡绳需要掌握的要点。

在身体左、右、上3个方向都要锻炼。先是左右，之后再头顶，三个方向抡熟练了，再进入下一步。

练习时，可以以跳绳作为"武器"直接打击目标。

在保证抡绳不会对自己或他人造成伤害的条件下，把目标想象成特定对象，如孩子比较熟悉的"大怪兽"，将之作为负面的象征实施打击，富有乐趣而且具有宣泄不良情绪的功能，有利于提升孩子参与的积极性。

注意，家长往往忽略"假装"对于孩子教育的作用，孩子在这个过程中会体验到成功的喜悦，"自己很棒"的感觉极其强烈。

第三步，开始最后一个方向的抡绳，增加脚下跳跃训练。

左、右、上、下4个方向俱全才算是全面地掌控了抡绳能力，具有良好的绳感。

单手抡绳，脚下跳跃，将手抡绳的感觉与跳跃进行关联。此时，孩子已经可以做到独立跳绳。但为了防止孩子在正式跳绳中感受到挫败，家长可以尝试建议跳绳，也可以评估后开展单手抡绳的训练。此时可以一边跑、一边抡绳，这个动作相对于原地抡绳容易掌握。

第四步，正式跳绳训练。

此时跳绳已经成为可能，甚至很多孩子在第三步时就已经掌握了跳绳的全身协调性能力。

连续跳绳会出现一个问题，那就是连续跳绳的时间不足1分钟。针对此问题，家长要结合每个孩子身体耐力发展水平的不同，设置不同的目标。该目标应能够激励孩子自主地达成目标。举一个例子：如果评估后发现孩子只能连续跳20个，就应该把目标设置成连续跳15个，并以提高每一个动作的精确度为短期目标。不要直接把目标设置为连续跳30个，这样孩子只会体验到挫败感，导致不愿意参加此活动。

在整个游戏训练的过程中，家长应坚持。最好结合总体目标，在一个阶段内，如

2周，固定时间每天坚持，带着快乐和玩的心情，孩子比较容易坚持下来，而且会有阶段性的成就感。

总结：儿童跳绳水平评价指标参见《国家学生体质健康标准》。大多数6岁儿童通过简单、持续的游戏训练已经能够达到1分钟不间断跳绳100个的水平。这对儿童进入小学后的自信心和专注力的发展都有着积极的促进作用。

学习单元 2

言语发展

语言是思维和交流的工具。言语发展水平严重影响儿童思维和认知的发展，言语也是很多高级心理能力的基础。言语发展水平不足将影响儿童在社会活动中准确表达自身的意愿，无法与外界形成有效的互动。更重要的一点是无法理解外界对自身的要求，不能理解社会规则。

目前，越来越多的儿童在进入幼儿园阶段都有着言语发展迟滞的表现。教师经常用猜的方式了解儿童的需求。当儿童自身需求不能得到满足时，往往会用哭闹等不良行为作为回应。这样对儿童在群体中的社会评价和人际关系都会产生严重影响。更有一部分儿童在进入小学时依然会有语言的准确接收、表达或者阅读、书写方面的困难，发生此种情况的儿童数量也在逐年增加。

儿童言语发展水平的下降和成人与儿童的互动方式密不可分。

一、言语发展特征及规律

1. 3~6岁儿童词汇量的发展

在早期儿童言语发展中，大多数新词都是事物或者人的名字（某一词是专属于一个东西而不是作为某一类事物的名字）。动词则会稍晚出现，这与动词表示的是事物之间的联系，而不仅仅是独立的物体有关。大约从3岁开始，儿童开始关注到一组词语，如可以归入一个种类的词语，水果还分为苹果、橘子、西瓜、香蕉等。伴随着儿童进入幼儿园，接触更多的人和新鲜的事物，儿童的词汇量开始爆发式增长（见表2-1）。大约在8岁时，儿童会达到一个新的水平，能够理解整个一类词语之间的联系，如形容词和副词之间的联系。一旦有了这种联系，他们就能够理解和掌握新的词汇，从而进入下一个发展阶段。

表2-1　　　　　　　　　3~6岁词汇量变化表

年龄（岁）	掌握词汇量（个）	语言表现特点
3~4	1 000~1 500	相对完整句（主谓宾：我吃糖）
4~5	1 500~2 000	能理解并列复句（又想吃苹果，又想吃香蕉）
5~6	2 000~2 500	能理解条件复句（只有洗完手，才能吃好吃的）

2．3~8岁语言活动发展阶段

语言活动通常分为两类：外部语言和内部语言。外部语言又包括口头语言（对话语言和独白语言）和书面语言。此阶段的孩子们面临两个言语发展的关键生活场景的变化。一是入园，面临大量使用口头语言进行交流。二是入学，面临掌握书面语言的艰巨任务。这两个生活场景的变化，是本阶段儿童发展的重要事件，对孩子们的影响也具有深远的意义。

（1）外部语言

1）口头语言

①对话语言。对话语言指两个或几个人直接交流时的语言活动，如聊天、座谈、辩论等。幼儿言语从电报语言，发展到叠词，再发展出主谓宾的完整句式，是一个神秘的过程，至今也没有完整的理论对人类如何掌握语言做出清晰解读。儿童在3~4岁出现频繁告状的行为特征与言语爆发期有关。这个时期，儿童掌握的词汇增加，他们用告状的形式进行词汇、句式使用上的锻炼，便于更好地掌握这个新技能，以应对复杂的交流场景。口头语言是人类早期社会交往技能之一。

②独白语言。独白语言是个人独自进行的，与叙述思想、情感相联系的，较长而连贯的语言，分为出声与无声两种。独白语言更多与自己的思考有关。出声独白语言随年龄增加而逐渐减少。无声独白语言则相反，随着年龄的增长和认知的发展，逐渐成为思维的工具之一，发展得越来越具有个体特征，并具有终生发展的属性。有研究表明，幼儿期独白语言多数与创造力和想象力有关，虚构故事、场景等是主要内容，随年龄增加逐渐转变为思维加工的工具，可以进行更为抽象和更具逻辑性的内部推演。

2）书面语言。书面语言是指一个人借助文字来表达自己的思想或通过阅读来接受他人影响的语言。6岁进入小学之后，语文课的主要任务就是让孩子们掌握书面语言，以拓展理解、收集、记忆各种知识。书面语言能力在早期表现为写作能力、阅读理解能力。伴随年龄的增长，这种语言能力逐渐成为表达自我特征的一种方式，即写作是一种自我特质表达的路径。

（2）内部语言。内部语言是一种自问自答或不出声的语言活动。内部语言幼儿期就已经获得，略晚于口头语言，早于书面语言出现。内部语言更多是思维开始的一种表现。无论是早期的自问自答，还是后期的不出声言语，多与思维相关。作为思维的工具之一，内部语言发展在一定范围制约着思维的发展水平。

口头语言是书面语言的基础，同时书面语言对口头语言也有促进作用，口语和书面语结合起来，与思维的发展有着密不可分的关系。

3~5岁时期，儿童语言发展以口头语言为主，这是口语表达的快速发展期，也称言语爆发期。儿童在4岁半左右开始自发地识别抽象符号，如汉字，此时儿童即拥有了识别书面语言的能力。4岁后的儿童在日常生活里经常让成年人吃惊，会在生活中指出自己已经掌握的文字。很多家长对此建立了坚定的信念："孩子可以识文断字了。"很多家长因此开始使用知识传递的方式，进行文字、数字知识灌输，出现"超前教育"乱象。

4岁的识字行为伴随儿童强烈的兴趣和爱好。对于枯燥的文字符号，儿童大脑的学习功能还没有准备好，仅能凭借强烈的情感来进行关联。虽然呈现出来的结果都是儿童认识字，但这种行为与正常的识字过程的差异，决定了儿童在识字后，是保持了学习的兴趣，还是开始厌倦学习。在本阶段让儿童基于兴趣识字，才是唯一正确的做法。

二、言语发展相关知识

1. 言语能力不仅是说的能力

语言是人们思维和交际的工具，是以语音和文字作为表现，以词为单位，以语法为构造规则的符号系统。言语是人们运用语言交流思想，进行交际的过程。每个人的言语都具有个体属性。语言是社会现象，言语是人类心理活动的过程。

语言的产生是一个复杂的过程。该过程从输入语言材料开始，一般包括听或读，这些材料在大脑中由多个脑区共同加工，最后经过提取，使人们理解输入材料的含义或者产生了语言。因此儿童的言语发展包含听、说、读、写四个方面。

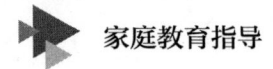

2. 污言秽语期

弗洛伊德将人格发展分为五个阶段，3~6岁的儿童正处于第三个阶段——性器期。此时儿童通过对排便的掌控来体验排泄中获得的快感，不断提升自我认识。这个时期也是儿童口头语言的爆发期，儿童往往会通过语言向外界表达自身成就和体验。每个儿童成长过程中的变化都是一次教育的契机，家长此时应具备敏感性，可借助一些材料，如符合儿童年龄的图画本，与儿童共同展开相关的研究和讨论，如"我们每天喝的水都去哪了"或者"人为什么会放屁"等。此阶段，家长往往会因为儿童乐于说"屎粑粑""臭屁"而感觉到既有趣，又不可理解，担心儿童是不是"不懂礼貌"。明确儿童"污言秽语"期的特征，尊重其发展规律，降低焦虑，科学看待此阶段儿童的发展，是家长的必修课。

3. 言语发展水平不足的影响

儿童在学前时期的言语能力很重要，通过这阶段词汇量的增长能够预测儿童在三年级时的言语智商和阅读能力。近年来，越来越多的儿童进入小学后表现出各种各样的学习障碍。而语言障碍往往是学习障碍的一个重要表现。有研究显示，学前期儿童如有语言障碍，往往伴随行为、情绪和社会方面的问题，进入小学后更易于发展为学习障碍。学习障碍体现在三个方面：一是语言接受和表达方面，二是阅读和书写方面，三是算数方面。

学前期家长缺乏对儿童言语发展科学判断的依据，导致发现问题时已经错过了最佳干预时机。学前期儿童言语发展水平评价指标之一是，儿童与陌生成年人主动交流时是否具备交流顺畅的能力，而不是家长自己认为的"我可以和孩子交流顺畅"。

三、言语发展提升

成人为了能让儿童"休息好"，往往会营造出过于安静的生活环境。为了"安全"或"卫生"刻意减少儿童和外界接触的机会，这些阻碍了儿童在生活中得到更丰富生活体验的机会。生活中，儿童总是衣来伸手、饭来张口，甚至诸如饿了、渴了、冷了、想上厕所这些基础的生理需求都能在自主表达前就得到满足，这大大降低了儿童的表达意愿和动机，久而久之儿童会逐渐丧失自主表达的行为。

1. 丰富儿童言语发展的素材

生活中成人应为儿童提供丰富多彩的声音刺激，如音乐、儿歌、故事和自然界的各种声音。3~8岁儿童已具备一定自主能力，成人应适当地帮助儿童扩大生活范围，体验更多的生活场景，接触各种各样的人，增加儿童的人际交往机会（特别是与自己年龄有差异的伙伴），让儿童充分参与生活活动，丰富生活经验。

2. 建立儿童的表达意愿

良好的家庭教育体现在能提出更好问题，制造便于儿童能力发展的任务，并推动儿童饱含热情地去面对这些困难，帮助儿童在解决困难之后充分体验到成就感。在日常的照料中，成人应表现得"迟钝"一些，也就是"装傻"，制造出更多需要儿童表达清晰的小困难。家长就算知道儿童的意图，也一定要引导他自己表达出来，制造更多主动交流的机会以锻炼儿童的表达能力。在儿童向成人寻求帮助而没有表达清楚之前，多问"怎么了""你想要什么呀"。当儿童努力回答但仍没有准确说清楚的时候，成人还可以故意重复错误，让儿童纠正，为儿童提供学习如何表达自身意愿的方法。

3. 营造语言环境、把握教育时机

家长应与儿童多说，这里要注意"多说"不意味着重复地说。3~8岁儿童的学习方式主要以情境游戏为主，强调实感，成人应利用一切与儿童共同参与的生活事件或者共同关注的事物，基于成人自身的知识向儿童进行说明或者相互讨论。如与儿童共同搭积木、收拾玩具、阅读绘本、做家务。同时，家长应当建立合理的期待，儿童任何能力的提升与获取，都是一个相对漫长的过程，而不是一次学习终身受益。在反复的过程中，逐渐强化儿童的行为，他们才可能真正掌握能力。

适时地帮助儿童进行符号识别。多数4岁半左右的儿童具备了抽象符号（如汉字）的理解能力。此时，儿童往往把自己感兴趣的人、事物与相关的符号联系起来。喜欢昆虫的儿童在4岁时就能识别"蟋蟀"这两个复杂的汉字。家长应关注儿童的兴趣和爱好，引导并推动到学习中。由此拓展儿童对感兴趣和喜爱的人或事物的研究和探索，从而促进儿童的阅读、思考和表达，为小学阶段书面语言为主的学习做好准备。日常生活中，围绕儿童感兴趣和喜爱的事物进行识字训练，不脱离生活、情景与游戏，建立儿童识字的兴趣，如可以在适当时候和儿童交流或写出家人的姓名，目的不是学会这些文字，而是建立儿童对文字的兴趣。一旦儿童了解到还可以用符号来描述自己喜欢的人或事物，就会产生主动寻求答案的需求，他们会问出："这个字是什么？"此时，激发儿童识字兴趣的任务基本完成。此阶段要注意尊重儿童的大脑发展特征，不能以机械化方式要求他们识字。

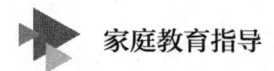

四、实际问题分析及解决策略

问题：3~4岁的儿童说话不利索，发音不准，不爱说话，甚至不能理解成人的要求。

分析：生活质量的提升让家长总想给孩子更好的，长时间吃流食或过于精细的食物，导致儿童说话需要用到的口腔骨骼和肌肉的发展不足，导致儿童发音不准，甚至不愿意多说话。

策略：言语发展需要通过大脑对相关的肌肉控制来实现。生活中不要照顾得过于精细，吃水果不需要切成小块，最好也不要用牙签。要让儿童多进行咬、啃的动作。适当给儿童提供粗颗粒的食物让其多咀嚼，同时增加吞咽的动作。喝水也不要仅用吸管一种方式，应丰富儿童的喝水器皿，如奶嘴、吸管、鸭嘴杯、阔口杯等。不同器皿能对于儿童口腔肌肉的发展起到良好的刺激作用，能有效帮助儿童提高发音的准确性。

总结：生活中啃的动作严重不足，不但严重影响儿童言语发展，还导致儿童乳牙因缺乏生理刺激而无法脱落。儿童在5~7岁出现"双排牙"的情况越来越多。

学习单元 3

情绪调控

人们总能在生活中、视频里看到各年龄段孩子哭闹不止，而父母不知所措的场景。究其原因，成年人受到自己成长经历和文化习俗的影响，对情绪尤其是负面情绪缺乏科学的理解。

在 3~8 岁这个年龄阶段，父母及社会期待出现变化，对儿童提出了更高的要求。例如，要求一个悲伤哭泣的一年级孩子用言语表达自己的负面情绪。这个要求和期望直接表现出成年人对情绪发展规律缺乏最基础的理解。

一、情绪情感发展特征及规律

1. 生活任务及父母期待对情绪能力发展的影响

3~8 岁的儿童逐渐从自主无目的游戏，进入平等、社会角色体验与对应规则内化，个体理解社会规则与外部期待的发展阶段，主要可观察到的表现是：他们多数遵从"我们老师说……"的要求，这是发展中建立社会规则意识的标志性行为表现。

伴随着社会发展与生活的变化，与上一代人相比较，现在的儿童缺乏与同伴充分平等互动的体验，那些由于同伴互动产生的冲突以及愤怒、委屈、害怕等一系列情绪情感的体验和处理经验显得尤为不足。儿童日常游戏活动逐渐从动手、协作为主，变得缺乏同伴互动而独立操作的形式。以往童年生活中同伴共同决策和相互制约，逐渐转换为家长参与决策，过度限制和保护状态下的"伪游戏"。游戏活动中产生冲突的体验，以及解决冲突、平复自己情绪的能力也相应缺失了。这一点被很多家长忽略，或者发现了也没认为有什么严重的影响。

2. 脑发展对情绪调控能力的影响

从生理发展和脑结构发育规律上来看，情绪生理机制学说众多，这也说明了情绪的生理机制是一个相当复杂的过程。目前一般认为情绪是大脑皮层和皮层下神经过程协同活动的结果。皮层下神经过程的作用处于显著地位，大脑皮层起着调节制约的作用。脑发育遵从"刺激—反应"的逻辑。如生活中时刻充实着良性刺激，大脑对应激活的脑区以及神经元发育就活跃。由于在家长的保护下缺乏有效互动，情绪事件的刺激在儿童生活中有减少并且逐步加剧的趋势，最终形成一个恶性循环。因此，家长应为儿童构建一个真实而刺激丰富的环境，不要担心冲突，不为儿童体验挫败而焦虑，避免过度保护与照料，让他们在真实的生活环境中健康地成长。

3. 大脑发育不均衡对情绪调控能力发展的影响

儿童发展的每个阶段都会存在具有共性的问题。这种普遍存在的发展困难是儿童发展的必然经历，对个体成长具有不可替代的作用。但问题的影响隐秘而深远，容易被教育者忽视，从而产生教育遗憾。这些具有共性的儿童成长问题，多由大脑各区域成熟和发育不均衡导致，成熟规律与这些行为表现具有极高的一致性。前额叶调控功能的发展滞后，是3~8岁儿童情绪调控能力不足的生理基础。

结合儿童情绪调控能力的发展规律，更多提供冲突以及丰富的情绪实际体验，在体验中适度而正确地引导，成为重要的手段。情绪事件无所不在，这就要求家长具备基础情绪引导和常识性策略，在不明确是否正确时，采用最基本的尊重态度，而不是置之不理或者为所欲为，造成不良后果。

二、情绪情感发展相关知识

情绪调控能力具有不变的发展规则，要先对情绪具有分辨的能力，才能正确地表达自己的情绪或者体验、要求，最终形成良好的自我情绪调控的能力。这个过程结合儿童脑功能、生活经历和引导锻炼，需要3~5年的时间，才逐渐内化，伴随年龄的增长而巩固下来成为自己的行为特征。

1. 3岁左右掌握情绪分辨能力

3岁左右儿童的情绪仅有3个类别：开心、伤心和生气。

4~5岁才能逐渐把生气细分为害怕和恐惧，在这之前，儿童的情绪分辨受到自身言语表达、认知发展水平的限制。情绪的分辨是一个复杂的过程，往往需要外界的帮助才能更好地完成这个任务。

2. 4~5岁掌握情绪表达能力基础

4岁多的儿童，词汇量1 500~2 000个，此时基本言语表达都已经掌握，是学会表达自己情绪的最佳时机。多数这个年龄的儿童，总是说个不停，原因就是初次感到自己可以更好地表达自己的意愿和想法。此时，家长经常会忽略情绪表达多样性的训练，而且最适合这个阶段儿童表达的方式很可能是音乐、表情、肢体动作等其他形式。家长应充分地与儿童共同体会不同的情绪表达方式，这对后续情绪调控能力发展至关重要。

3. 5~7岁逐渐掌握情绪调控能力

调控情绪是一个艰难的任务，尤其是负面情绪的表达，更加具有挑战性。当5~7岁的儿童体验到较为强烈的负面情绪时，其大脑中已经被强烈的负面情绪体验所充实，根本做不到在体验负面情绪的同时调控自己的行为表现。因此，科学而客观地正视这个现象，才能帮助儿童掌握情绪调控能力，而不是一味地提出要求，让家长和孩子去共同体验挫败。

为了更好理解儿童的情绪特征，以下举例说明。7~8岁的孩子，写作业或学习时很可能与家长发生情绪冲突，而此时最先有负面情绪体验的往往是家长。每当因为写作业或学习，触发了孩子负面情绪时，家长应自己压抑"愤怒"，"耐心"地讲解知识。为了更好地让家长理解孩子受负面情绪影响的表现，建议当发生了负面情绪冲突（反复教还是不会、反复写不达标或者家长已经开始升高音调了）时，家长直接问孩子："你叫什么名字？"这个问题每个孩子都已经掌握，在负面情绪为主的场景下，孩子多数会回答："我不知道。"或者是沉默，不回答。由此可见，每当孩子大脑中充满了负面情绪体验，如恐惧、害怕、担心等，大脑已经停止了思考，此时绝不是教育或者学习知识的最佳时机。

三、情绪情感发展提升

5~7岁是调控情绪，形成抑制能力发展的关键时期。在5岁之前，儿童的神经系统发展以及言语、认知等功能发展受限，缺乏对情绪行为的抑制、调控能力。所以儿童难以完成自我疏导的任务。但这并不意味着儿童一到5岁就都可以形成良好的情

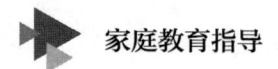

绪调控能力。5岁前，家长帮助儿童认识自己的情绪、允许他们充分表达情绪，并且在与儿童或他人的沟通中，向儿童展示情绪调节的策略和技巧。日常提供适合儿童理解和调控情绪的训练，才能在其他协作功能及能力发展到位的时候，发展出情绪调控能力。

1. 让儿童学会情绪分辨

家长要及时在生活事件和儿童自身体验之间，进行言语表达关联，通过言语不断地讲解每一个情绪的原因，让儿童分辨自己情绪体验与外部事件的关系，才能帮助儿童接纳自己的情绪，并且完全了解拥有这些情绪并不是一件可怕的事情，大家可以理解和接纳自己的情绪，从而拥有面对负面情绪的信念。

家长作为帮助儿童理解情绪的"助理"，最佳的方法是用"妈妈知道你没……所以你非常生气""爸爸知道你跑得比别人快，你非常开心！"的说法不间断地强化儿童对情绪的理解，有利于儿童学会识别自己的情绪，并且与外部事件进行关联。

2. 共同学会情绪表达

儿童对事件的描述逐渐发展完善，可以一刻不停地对一件小事喋喋不休。与此同时，如何表达自己的情绪，用什么方式来表达，成为本阶段重要的发展任务之一。

学会表达自己的情绪，尤其是表达负面情绪，需要明确一个原则：表达情绪需要在没有情绪的状态下，锻炼并掌握表达的能力。日常状态下，等车、排队、家庭游戏等场景是最佳的教育时机。而教育的方式往往是游戏，例如，一起来表演生气时的表情，问儿童生气会做什么动作。通过游戏让儿童掌握使用表情、动作来表达自己的负面情绪。

情绪具有多种表达方式，包括哭泣、表情、动作、绘画、音乐、言语、攻击对方、逃离现场等策略。家长在日常教育中，也需要学习科学的情绪表达方式，而不是反复让儿童体验到家长的情绪失控。

3. 帮助儿童学会情绪调控

调控方式建立在表达策略之上。社会期许与认可的方式，是通过语言协商来进行的。儿童在每种情绪和不同的场景下，有选择调控方式的权利。

情绪调节能力建立在大脑功能发展、认知和言语发展的基础上。在大脑前额叶成熟的过程中，人类逐渐形成对自我情绪和行为冲动的抑制和管理功能。儿童情绪调控能力弱，多数由于成人对情绪，尤其是负面情绪缺乏正确的理解。在没有科学、正确地认识情绪的背景下，儿童很难获得良好的情绪调控能力。在写作业磨蹭、拖沓的场景下，往往最先失控的是年轻的父母，而孩子终将一脸茫然地面对咆哮，久而久之影响孩子们自身情绪调控上的能力发展。

情绪调控更多的影响来自人际关系，尤其在冲突解决中，会产生较为不利的影响。行为多数表现为：哭闹不止、行为退缩、拒绝交流。在校期间会发展成严重影响教学秩序，阻碍正常开展教学的突发事件。此类学生多伴随执拗的人格特征，必须引起家长的重视。如放任不管，这种执拗会伴随儿童的人格成长，逐渐成为稳定的人格特质，对一生的人际交往带来负面而持续的影响。

四、实际问题分析及解决策略

问题：5岁的孩子遇到困难或者不满意就哭闹。

分析：哭闹是一种正常的负面情绪表达方式。当孩子不具备其他表达能力的时候，只能用这个方式来表达自己的负面情绪体验。家长应当教授更多的负面情绪表达方式，并在日常生活中通过游戏，在孩子没有负面情绪体验的时候，让孩子熟练掌握，才可能改变孩子只用哭闹表达自己负面情绪的行为。

策略：采取以下步骤对孩子的情绪进行引导，培养孩子的情绪调控能力。

第一步，耐心听孩子说。

直接提供解决策略，是父母最容易犯的错误之一。情绪是需要宣泄的，"听他说"本身就具有良好的平复情绪的作用。父母暂时放下自己的各种感受、看法，尤其是想要立刻教导孩子的想法，拿出充足的耐心花一些时间听听孩子说话。

第二步，引导孩子表达感受。

让孩子说出感受。例如，谈话中父母问孩子："被抢了玩具你是不是很生气呀？"听到父母这么问，也许孩子会说："是，我很生气。"也许会说："不，我很伤心。"也许会沉默。孩子无论怎样反应都没关系，重要的是这个谈话过程，父母在给孩子示范如何用语言表达自己的情绪。表达情绪是需要训练的技能，需要孩子一点点掌握。

让孩子说出感受的程度。例如，可以问："有一点点生气还是好多好多生气？"让孩子选择。这种量化情绪的行为可以帮助儿童理解并非所有愤怒都是一样的，有时只是有点不高兴，而有时都快气炸了。

第三步，表达出对孩子感受的理解。

例如，妈妈对孩子说："遇到这样的事，真是让人生气。"这样的举动让孩子觉得自己的情绪不是可怕的，从而更加积极地面对自己的各种感受。接纳自己的不良情绪，正确评价自己的感受，才不会因不良情绪产生连续的负面自我认知问题。此时，来自父母的评价，如"这个生什么气呀？"会导致孩子纠结于"我到底做的对不对？"的困惑之中，由此很有可能不再表达自己的情感体验。

第四步，鼓励孩子和自己一起发展新思路。

引导孩子展开想象，拓展思路，让自己开心起来。例如，下大雨不能去公园玩，那还可以做点什么让自己开心起来呢？帮助孩子不断建立新的角度，用积极的眼光看待事物。用积极的、社会赞许的方式，如沟通、协商等，来替代负面情绪的直接表达。这样的练习可以帮助孩子逐渐融入社会生活，被身边的人接纳，从而发展为社会规则下的社会个体。

总结：任何一项技能的获得，包括情绪表达，都需要学习。在教育孩子的过程中，家长不能操之过急，每一项技能的学习和掌握，都需要漫长的时间，教育需要等待就缘于此。教育中不存在家长要求，并提供策略，孩子就会立刻学会，而且不会再犯错的事情，家长应有耐心。

学习单元 4

社会适应

与出生后头 3 年相比，3 岁以后的儿童随着言语、思维、情绪和社交能力的发展，能够在社会环境中习得各种行为规范、价值观念和知识技能，逐渐成为独立的社会成员并适应自己的角色。他们的能力主要表现在自我意识的发展、性别概念的获得、社会认知的提升和道德观念的增强等方面。

然而，在这些能力形成的过程中，如果没有良好的示范环境，儿童就会学习到不利的行为，从认知上否定自己，影响儿童社会适应力的发展。在这个阶段的家庭教育中，家长要重视对儿童正向行为的引导。

一、社会适应发展特征及规律

1. 自我意识

自我意识的发展水平由自我概念和自我评价水平来反映。自我概念和自尊紧密联系，自我概念是指对自己的看法或印象，而自尊则是指一个人的自我定位，包括重要性和价值感。

自我评价在 1 岁半到 4 岁时出现，5 岁的儿童能进行一定程度的自我评价，6 岁半的儿童基本能进行自我评价。但是，大部分 7 岁之前儿童对自我的描述仅限于身体特征、年龄、性别和喜爱的活动。随着能力的提高，儿童逐步实现从他评到自评，从

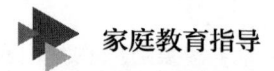

外部行为到内心品质，从笼统到细致。儿童8岁时能够清楚表达自我价值概念。

自我意识的发展对于儿童一生的发展至关重要，和家长关注的是否自信高度相关，所谓的儿童缺乏安全感的一些行为，都是自我意识没有发展到位的具体表现形式。

2. 性别概念

儿童对性别概念的获得包括三个部分：性别认同、性别稳定性和性别恒常性。

性别认同是指个体对成为男孩或女孩、男人或女人的个人体验。性别认同出现在1岁半到2岁，到2岁半左右，大部分幼儿都能够说出自己的性别，也能区分图片上人物的性别，到3岁时性别认同更稳定，但是很多幼儿还无法根据自己性别挑选物件。这个时期，家长与幼儿的互动以及在日常生活中的性别角色表现，是幼儿性别认同的重要基础。

3~4岁的儿童开始理解性别稳定性，认识到性别是一生都无法改变的。他们在这个阶段会询问各种相关问题，家长的引导能够帮助儿童理解自己和他人的性别角色。

儿童对性别恒常性的理解出现在6~7岁，家长的引导让儿童先了解了自己性别是不会改变的，再把对自己性别的认识应用到他人身上。其发展顺序是：自身的性别恒常性、同性的性别恒常性、异性的性别恒常性。

3. 社会认知

儿童在3岁以后有了更多的社会体验，逐步完善了自我对社会的认知，即对自己、他人、群体、人际关系等社会现象进行感知和理解的心理活动。

这个阶段的儿童会根据一定的信息对他人的内部心理状态（如观点、思想、情感等）产生自己的理解和推断，即观点采择。家长在这个阶段所给予的信息和表达的观点，直接影响儿童观点采择的发展，这也是社会认知发展的核心体现。本阶段有成效的沟通体验，表达各自观点平等的讨论，是重要的影响因素。

儿童3~7岁还未形成完善的友情概念，认为玩伴就是朋友，一起玩就是友情。但是随着年龄的增长，除在学校的友情体验以外，在家庭中和家长的互动，以及对成人之间的友情的观察，影响着他们友情概念的发展，逐步理解了友情需要满足时间、空间上的亲密联系和情感上的亲密性和稳定性。

这个阶段，儿童对权威的认知也有了很大的发展。最初他们对权威毫无认知；5~6岁的儿童认为权威人物具有"内在的、要别人服从的权利"；到8岁时，儿童认为权威是一种相互关系；家长为儿童提供了权威的最初原型，如果能够在这个时期教会儿童合理地服从与合作，就能够让他们的权威概念全面发展。

4. 道德发展

人的道德观是从 2 岁开始发展的，但是判断标准随着年龄增长而改变，3 岁的幼儿对幼儿园小朋友的不恰当行为评价为"坏"。5~6 岁的儿童能够认识并说出成长环境中学会的道德规则，如"不能骂人""撒谎是不对的"等。同时，儿童还产生了"公平"的概念。这时的儿童还能够与别人分享玩具和食物，为集体做事，能够有同理心，也能安慰他人。我国儿童道德认知发展的关键年龄是 7~9 岁，这个阶段的儿童发展出道德推理，考虑行为背后的意图。虽然不同家庭的教养会导致儿童道德发展的个别化差异，但是家长行事要符合整个社会的价值观，才能帮助儿童更好地适应和融入集体和社会。

二、社会适应发展相关知识

3~8 岁的儿童从最初自我的角度去发展认知，到从他人和社会的角度去看待世界，期间逐渐形成了更完善的自我意识、性别概念和道德观念。家长对儿童的引导要结合其能力以及共同的体验，多元地去实现。

1. 自我意识的发展

儿童经过幼儿园的社交体验后增加了自我觉察，可能第一次觉察到自己是什么类型的人，第一次因为自己的家庭或自己的举动而自豪进而提升自尊。但是，儿童也可能因为某种原因被歧视而伤害了自尊，并形成一种歧视和低自尊的恶性循环。这样的体验不但会让儿童无法尊重自己，也会无法尊重别人。但每个儿童都应该相信自己是值得尊重的家庭和社会的一员，家长要有意识地引导儿童尊重自己，相信自己，并不断地强化这样的认知。

2. 性别概念的发展

儿童的性别认同和对性别恒常性的理解会让他们逐渐对玩具和游戏有选择，学龄前的儿童确切地知道自己的性别，能够选择他们认同的男生玩具或女生玩具。有些家长可能会担心，活泼好动的女孩只喜欢跟男生玩粗鲁的游戏或儿子喜欢和女生玩洋娃娃。但是实际上儿童通常会持续以自己的愿望或兴趣玩自己选择的游戏，而不是被强迫，儿童的反应就是他们对所认知的真实世界的反应。在家庭里，如果一个学龄前的男孩经常看到父亲喂食或煮饭，那他就会比那些只看过母亲煮饭或照顾孩子的儿童更能够接受玩扮家家的游戏。同样，小女孩也会效仿母亲。这个阶段，家庭内部父母的分工和日常互动类型，对儿童的性别角色认知产生较大的影响。此阶段父亲应更多地

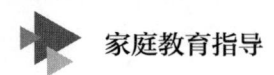

参与日常生活,如果缺乏父亲的角色,其他社会关系中的男性,如爷爷、姥爷、叔叔等,在生活中的融入,也具有同样的教育意义。

3. 道德观念的发展

道德观念的形成能够帮助儿童分辨是非,而道德发展是儿童学习监管自己行为的过程,学会克制住自己不去做自认为不对的事。早期学习的主要方式是模仿和社交参照。一开始,儿童仅仅是模仿,无法理解行为背后的意图。随着儿童将崇拜的成人的道德标准内化,他会开始感受道德的情绪层面,即道德情感。儿童会为自己做的错事感觉到愧疚和罪恶,为自己的恰当行为觉得骄傲。道德情感的发展帮助儿童远离不当行为。

三、社会适应提升

儿童3~6岁这几年里,比之前更加认识自我和他人,学习成人和同伴不同的社交方式。而在这段时间里,在家里所遇到的问题也会导致儿童在学校发生相同的问题。这个阶段的社会认知得到继续提升,道德逐渐完善,社会适应能力被环境塑造。

1. 发展正向的自我

虽然儿童的自尊从出生开始发展,但是他们到了学龄前阶段更清楚、更有意识地认识到自己是谁。儿童对自我的看法多半来自周围的人,尤其是照顾者。随着年龄增长,他们更加在乎他人的评价,包括老师、同伴和家人以外的人。跨文化研究中也呈现出3~8岁的儿童,都会出现"我们老师说……"的行为表现,证明了在跨文化条件下,此年龄阶段更注重外界评价。在不同年龄阶段都应对儿童进行正面、客观和具体的评价,让其发展出正向的自我概念和自尊。

性别教育和自我保护教育是这个阶段迫切需要的教育。家长应做到:一是做榜样,发挥自己的性别优势;二是语言引导,耐心跟孩子讨论性别认同问题,并回答与性有关的问题;三是行为引导,父母通过鼓励参与不同活动来影响儿童的性别适当行为,帮助儿童树立男女平等观念并教会他们自我保护的方法。

2. 道德情感发展

家长应避免通过让儿童体会罪恶感来进行道德教育,这样会让儿童的情绪变得麻木冷酷从而推迟道德情感的发展。教养中唤起自我内在的良知,比强加出来的罪恶感更能带来真正长远的正确理解。儿童更需要的是家长充满关爱的引导和持续地对儿童解释所有的规则和规则背后的理由，告诉儿童为什么一些行为比其他行为更好。

根据 3~8 岁儿童的能力，家长可以结合以下的建议与儿童互动。

· 成为敏感的、反应迅速的照顾者。

· 促进和保护与儿童的安全依恋关系。

· 帮助儿童学习规则并规范其行为。

· 帮助儿童管理挫折和挑战，使他们有更多成功体验。

· 用书籍、游戏和活动刺激儿童的成长和能力。

· 当儿童在活动中或与他人相处中遇到困难时，与他们沟通。

· 用谈话和游戏陪伴和指导。

四、实际问题分析及解决策略

问题 1：哥哥 7 岁，弟弟 5 岁，哥哥经常把"那不公平"挂在嘴上。

分析：6~7 岁的孩子已经发展出"公平"的概念了，也会看出成人的言行不一致。即使他们自己有时也会犯错，但是如果让他们看到某些规则实施前后不一致的话，他们会非常生气，并站出来抗议，为什么其他人不会受到应有的惩罚。

这时的孩子还无法像成人一样根据现实情况做出不同的判断，他们只觉得不公平，觉得任何人都应该知道这个规则，而犯错时也该受到相同的惩罚，因此成人与这个阶段的儿童相处时，应该经常自我反省，看自己是否有任何带着不同标准去对待不同儿童的偏袒行为。

策略：成人要尽量在行动上让孩子感受到公平，还要让孩子看到并解释给孩子听。

当儿童感觉到不公平的时候，成人应该根据具体事件具体解释，帮助孩子理解自己的做法。

举例：家长可以对孩子解释道："当你还小的时候，你也需要一再的提醒才能守规则。而你现在已经 7 岁了，是个大孩子了，就会知道要守规则。而弟弟才 5 岁，当他和你一样大时，也会像你一样守规则。如果他忘记守规则的话，一样要被处罚，不能和大家一起玩了。"

引导孩子在行为上配合家长，停止发脾气，并及时肯定孩子的恰当行为。如对孩子说："你真棒，能够尝试地去理解别人。"

总结：儿童发展出"公平"的概念以后需要得到成人具体问题具体分析的指导。尤其是在面对规则的时候明白何时要保证一致性，何时要懂得灵活处理。

问题 2：5 岁的儿童不愿意参加同伴集体游戏，输了就耍赖、哭闹，输不起。

分析：这个阶段的儿童已经发展出一定的社会认知能力，会对身边的事情进行观察并做出判断。但由于心智不够成熟,他们对事物的判断局限在简单的好与坏,输或赢。他们想要比较又怕输,输了就会有很大的挫败感,想逃避。

现实是成人的行为往往会鼓励竞争,导致火上浇油。如老师会给画得最好的小朋友一颗星星。这个技巧虽然好用,但是这个阶段的儿童会为此而"互相厮杀",让竞争破坏了儿童正常的社交能力。再加上很多成人会夸奖赢的一方,让输的一方感觉很伤自尊,长此以往,儿童就会惧怕竞争,或者为了赢而出现许多不良行为。

策略:

首先,成人要能够理解儿童输赢概念的发展,经常对儿童解释比赛或游戏的输赢都是正常的,并不断强化这样的认知。(认知提升)

其次,平时在陪伴过程中强调玩游戏的过程而不是输赢的结果,同时让儿童从赢多输少过渡到输多赢少,让其慢慢习惯有输有赢,真正地理解输和赢都是游戏的一部分。(认知改变)

最后,成人要多鼓励儿童相互合作,学会控制自己的情绪,学会和同伴的有效沟通,帮助他们发展出社交技巧。(行为改变)

总结:成人要理解儿童输赢概念的发展,不要用挑衅的语言激化儿童在游戏过程中的问题行为。成人要帮助儿童树立对输赢的正确认知,通过多参与不同的游戏享受游戏的过程,接纳不同的游戏结果,无论是赢还是输,同时还能够发展沟通技巧。

学习单元 5

认知发展

幼小衔接问题是当前社会普遍认可的教育热点问题之一，小学低年级教师经常反馈：孩子坐不住，作业记不全，上课听不懂，写作业磨蹭。幼儿园教师反馈：有些孩子自理能力差，不听指令，动作比别人慢，规则意识不足，不参与游戏，不喜欢读图画书只喜欢听故事等。各种"问题"的出现导致家长出现焦虑情绪，盲目给儿童进行各种补习，看似解决了眼前的问题，其实埋下了隐患。

儿童每一个行为的变化都是内在发展需求的表达，家长需要先了解儿童发展的规律，抓住关键时间及关键点，根据儿童的需求进行引导，充分相信儿童成长的力量。

这个阶段的家庭指导，在认知能力发展上应注意弥补短板，帮助儿童充分回归生活，在具体情境中解决问题。这样才能帮助儿童顺利适应小学的生活和学习，从而建立持续一生的在学习方面的自信。

一、认知发展特征及规律

1. 感知觉发展

（1）视知觉。儿童视力（视敏度）随着年龄的增长而不断发展。3岁时视力为1.0，4~5岁时视力趋于稳定，6岁时达到正常成年人的视力范围。

儿童在辨色力方面，3岁时还不能很好地区别各种颜色的色调；4岁开始认识一些混合色，按范样选取明度和饱和度相同图片的正确率还不高；5岁基本能区别各种色调的明度和饱和度，能辨别更多的混合色；6~7岁区别色调明度和饱和度细微差别的能力进一步提高，按范样选取明度和饱和度相同图片的正确率达到较高的水平。

在视觉分辨能力方面存在性别差异，女孩明显优于男孩。这种差异就是大家普遍认为女孩子更细心的真实原因。

（2）听知觉。这个时期，儿童对言语的听觉能力继续发展，对语音听觉的敏感性和分辨能力不断提高。3~4岁时能感知词的声音，辨别能力还较弱；4~5岁时能够辨别语音的微小差别；5~6岁时已经能毫无困难地辨明母语的各种语音。

这个时期，儿童对音乐感受能力和表现能力进一步发展，能对不同音乐做出相应的反应，有较好的音乐节奏感、理解能力和表现能力。在儿童节表演节目时，大班孩子多数可以较好地演绎音乐、舞蹈，就是由于能力发展到位。

2. 专注力

儿童的专注力发展是连续的，当某项能力发展不足时，必定会在生活的某个场景中出现对应的行为表现。由于幼儿园和小学的学习场景和评价方式不同，当儿童出现不同的行为表现时，成人往往无法准确理解他们的行为，导致儿童遭到误解，同时也错过了最佳的干预时机。

3~8岁儿童专注力时长随年龄的增长而增加。3岁约为9分钟，4岁约为12分钟，5~6岁为15~18分钟，进入小学后，一节课40分钟，对专注力时长提出了新要求。成人应为儿童设置略高于儿童专注水平的活动时长，让儿童向更高的专注力水平做出努力。例如，幼儿园大班儿童普遍的专注力时长为15~18分钟，而游戏活动时长往往设定在20分钟。

儿童在喜欢的事物上会投入更多精力，例如，他们看动画片、玩手机往往能坚持1小时以上。在看动画片、玩手机的过程中，儿童被多于现实生活场景数倍的声、光、电信号和故事情节所吸引，这是比较典型的被动专注。而生活和学习需要儿童具备主动专注的能力。主动专注是通过自己的内部要求和目标、兴趣直接调动的。如果儿童养成长时间看电视、玩手机等电子产品的习惯，大脑会慢慢习惯高强度的信息刺激。当儿童回归现实的生活和学习场景，往往会由于信息量不足无法唤醒专注力，导致儿童出现好动、发呆、走神等一系列行为。

3. 思维

3~8岁是人一生中思维发展的特殊时期，有两次重要过渡。3~4岁由直觉行动思维过渡到具体形象思维，5~7岁再由具体形象思维过渡到抽象逻辑思维。各种思维能力之间的关系在不断地变化，是一个此消彼长的过程。

（1）直觉行动思维阶段。儿童思维在行动中进行。在思维中，儿童只能思考自己所接触的事物，只能在动作中，而不能在动作之外进行思考，他们更不能计划自己的动作或预见动作的效果。在幼儿园小班，还有部分儿童表现出直觉行动思维的特征，他们停止一定的动作后，思维也随之停止或转移。

（2）具体形象思维阶段。儿童已经能在思维中形成关于事物的一些表象，同时可以开始识别、运用并创造一些符号。2~3岁的儿童在绘画中开始使用大量的符号（如花朵、树木、汽车等），这些符号用词来标志，用语言来调节。从此，儿童可以使用、加工和思考不在眼前的事物、过去的经验，以及其他有关的形象。这让儿童开始对自己的行动有了一定的计划性，同时可以预见行动的结果。但这时他们的认知水平还处于关注表面现象和外部联系的阶段。因此往往具有不清晰、不确切、缺乏连续性和易变性的特征。

（3）抽象逻辑思维阶段。随着年龄的增长，以及语言、记忆、专注力和求知欲的发展，儿童不再满足于对事物的表面关系和形象联系的水平。2~3岁幼儿的提问以"……是什么"为主，这反映了他们的关注点还停留在个别事物的表面特征上。4~5岁儿童的提问就变成以"……为什么"为主，大量的"为什么"说明儿童已经开始关注事物的本质特征和内在联系。随着儿童言语发展水平的提高，儿童学习速度加快，从5岁开始按类别进行概括的能力迅速发展。这些变化是儿童抽象思维能力发展的萌芽。

4. 记忆力

儿童记忆容量随年龄增长而增加。3岁幼儿的记忆广度约为3个信息单位，6岁儿童的记忆广度约为6个信息单位，8岁儿童的记忆广度约为7个信息单位。

在3~8岁阶段的初期，儿童的记忆往往是无意记忆，儿童对于自身感兴趣的、印象深刻的事物比较容易记住。这些记忆有很强的直观形象性，属于形象记忆。这些直观形象主要是物体或图形。此时，虽然儿童对于词的逻辑识记能力不足，但在对词的记忆中，词所标志的事物的形象，对记忆起一定的辅助作用。

在3~8岁阶段的中期，儿童的有意记忆开始发展，起初是由成人提出记忆目标，随后儿童开始主动地确定记忆目标。慢慢有意记忆开始超过无意记忆，这是儿童记忆发展的一个突出变化。

进入小学的儿童开始通过一些简单的记忆策略来帮助记忆，如复述或分类。虽然主动自觉采取策略的能力还有欠缺，但这一变化说明了意义记忆开始出现。

二、认知发展相关知识

1. 皮亚杰的前运算阶段和具体运算阶段

皮亚杰认为儿童在 2~7 岁处在前运算阶段，儿童将感知化为表象，建立了符号的概念，可以通过心理符号进行思维。此时他们以自我为中心，难以感受他人的观点；他们对整体和部分的关系还不能很好地把握；思维不可逆，不能在心理上反向思考他们见到的行为，也不能回想起事物变化前的样子；缺乏守恒概念，很难理解事物的表面特征发生某些改变时，其本质特征并不发生变化。

6~8 岁属于具体运算阶段前期。儿童的认知结构由前运算阶段的表象图式，演化为运算图式。具体运算思维的特点具有守恒性、可逆性、摆脱自我中心性。皮亚杰认为，该时期的心理操作着眼于抽象概念，属于运算性（逻辑性），但思维活动仍然需要具体内容的支持。

2. 专注力

专注力是一种综合能力，本书主要阐述听专注和视专注两部分。儿童看似同样的行为表现，背后是不同的能力在发挥作用。成人只有了解了每个能力的影响范围，才能准确识别儿童的能力短板。

（1）听专注能力。听专注是听觉信息采集、加工、提取和执行的一个完整过程。听专注能力分为听广度、听分辨、听动统合能力。

听广度能力指听到信息数量多与少的能力。

听分辨能力指听到信息准确性的能力。

听动统合能力指听到信息，大脑加工信息后开启动作，执行命令的能力。

听学习能力由听专注能力和听记忆能力组合而成。听学习能力加工过程就像一个漏斗（见图 2-1）。首先要完整地接收外界的信息，然后在对这些信息进行准确识别的同时记住这些信息，最终做出行为反应。

目前，3~8 岁的儿童广泛存在着听学习能力水平不足的情况，最大的问题是听广度能力弱化，导致儿童信息接收不完整，经常丢漏信息。在 3~6 岁阶段，由于儿童听专注能力发展不足，导致经常无法完成成人的多指令任务，成人便调整了自身的表达方式，将多指令任务发布改为单指令任务发布。简单的一个互动方式的改变让儿童失去了大量的练习听广度能力的机会。

听专注能力好坏存在遗传和后天练习两个方面的影响因素，而后天练习对能力的发展更重要。例如，进行过声乐练习的儿童，听分辨能力有可能高于同龄人。

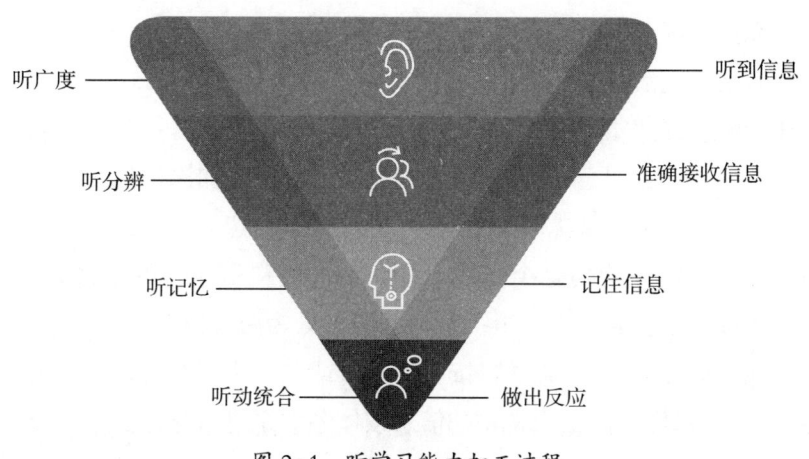

图 2-1　听学习能力加工过程

（2）视专注能力。视专注是视觉信息从视网膜进入大脑后，大脑对信息加工分析、传递的过程。视专注能力分为视分辨、视追踪、视动统合能力，这3种能力共同决定从看到动的行为过程。

视分辨能力指对细小事物的辨别和辨识能力。分辨的对象包括事物的大小、远近、高低、形状、位置、颜色等。

视追踪能力指以协调的眼动跟随和追踪物体的能力，这一能力是阅读能力的生理基础，当儿童的这一能力不足时，很难完成阅读活动。

视动统合能力指视觉与身体各部分的精细动作相互配合的能力。简单来说就是手眼协调的能力。生活中常用到这种能力，如扣扣子、系鞋带等。学习上运用手眼协调能力的机会如写字、画图、做手工、做实验等。

视学习能力由视专注能力和视记忆能力组合而成。人类学习活动中80%的信息来自视觉，视学习能力水平对学习效果产生重要影响。视专注能力同样受到遗传和后天练习两个方面因素的影响。越早发现儿童的优势和劣势，就可以越早帮助儿童提升能力。

（3）专注力发展不足的影响。专注力发展水平影响儿童的行为能力，而这些行为在学习活动中表现得最为明显。针对学习障碍的研究表明：学习障碍与行为障碍有关，有一半以上的学习障碍儿童有着某种行为障碍，其中最普通的就是专注力缺损。

3. 记忆力

记忆策略的主动运用是儿童记忆发展的一个重要标志，也是元记忆出现的信号之一。这对儿童进入小学阶段学习有着至关重要的作用。

儿童运用记忆策略的发展，分为3个阶段：5岁以前的儿童没有策略；5~7岁的儿童不能主动应用策略，但经过诱导，可以使用策略，此阶段属于过渡期；主动自觉地采取策略并逐步稳定下来的能力一般出现在10岁左右。

儿童采用的主要记忆策略如下。

（1）复述策略。复述策略是一种非常重要的记忆策略，是一个将注意不断指向输入信息的过程。5~7岁的儿童开始自发地使用复述策略来加深记忆。实验证明，采用自发复述策略的儿童记忆效果优于不主动进行复述的儿童。

（2）组织策略。组织策略是个体找出要识记的材料所包含的项目间的意义联系，并依据这些联系进行记忆的过程。组织策略一般可分为两种情况。

1）归类。归类是把要识记的材料按某种标准或关系进行归并，以帮助记忆。

2）系列化。系列化是把互相关联的信息按体系关系进行整理并条理化，以帮助记忆。直到小学二年级，儿童还不能运用系列化策略。

4．游戏

游戏是3~8岁的儿童最佳的学习方式之一。

随着儿童年龄的增长，儿童的游戏方式也在发生着变化。3岁进入幼儿园，儿童从单独游戏阶段进入平行游戏阶段，看似儿童在一起玩耍，但他们是各玩各的，彼此会相互模仿，但交流比较少。3~4岁的儿童在游戏时交流互动性开始增多，但在游戏过程中没有共同的目标和明确的分工。4岁左右，儿童的合作游戏开始出现，儿童有了明确的合作、分工及规则意识，他们会建立共同的目标并进行分工合作。

游戏形式的变化是儿童社会属性、言语和认知水平发展后的体现。游戏是儿童主动参与的，伴随着愉悦感。他们可以摆脱客观的限制，模拟各种场景，认识周围的事物，体验成人生活中的感受和人际关系。

游戏具有具体化、形象化、情境化的特征，对教育教学也有着十分重要的意义。让一个5岁的儿童理解3+2的概念是非常困难的，但是如果给儿童5个苹果，说"你3个，我2个"，儿童就能很快理解。小学一年级开学后，老师会要求家长买"数学小棒"，一般是四捆塑料小棍。这是为了帮助儿童将抽象的数字概念通过中介物进行具体化，只有这样，儿童才能真正地理解数理关系。成人应客观认知这一特征，在学前阶段通过机械化的方式强制儿童学习抽象知识，是不符合儿童思维发展特征的。

三、认知发展提升

1．专注力的发展

成人需要具备简单的分辨专注力各细分能力发展水平的知识。通过行为能力分类信息，科学评价儿童能力发展的现状，建立符合儿童现状的发展目标和计划。

注意营造适合儿童视专注力发展的氛围。如对儿童参与的活动进行时间上的约定，在此期间家长不打断、参与或阻止儿童的活动，共同维持专注力所必需的条件。约定时间结束，再开展下一项活动或交流，逐渐形成良好的专注力。专注力各细分能力之间具备一定的关联性，某种能力的迅速发展会带动其他能力的发展。能力的提升是循序渐进的过程，一次只针对一种细分能力，不要急于求成。在一段时间内有计划地坚持日常游戏能够达到良好的效果。

2. 思维和记忆力的发展

3~4岁儿童的家长应注意在日常生活中多提醒儿童观察细节，并重复这些细节内容，引起儿童的关注。多向儿童提问，如"你刚才吃的什么""刚刚玩儿了什么玩具""刚刚跟你一起玩的小朋友穿了什么颜色的衣服"等。还可以让儿童把看过的图画书、听到的故事或者见到的人或事画下来（家长不要关注儿童的绘画水平，此过程重要的是引导儿童积极回忆）。在生活中养成把简单事物进行分类的习惯，如按照事物的颜色、形状和功能进行分类。

5~6岁儿童的家长应有意识地开始增加儿童对生活中遇到的生活任务或游戏规则进行复述的练习机会。家长应让儿童更多地参与到生活活动中，有意识地给儿童安排一些生活任务。例如，让儿童参与设计一个超市采购清单，和儿童讨论根据家庭的生活场景去超市都需要买什么，并记录下来，然后让儿童复述清单上的内容，家长进行辅助和提醒。到超市以后，以儿童的记忆为主进行采购，同样由家长进行辅助和提醒。让儿童帮助家长做一些家务。例如，收拾餐桌，需要把盘子、碗和筷子根据类别放在一起再拿走。又如，收拾玩具，需要把玩具按照不同的类别分好才能放到收纳箱中。家长要有意识地通过语言引导，帮助儿童建立类别的概念，如讨论家具都有哪些，水果都有哪些，玩具都有哪些，交通工具都有哪些等。同样可以反过来提问，哪些属于家具，哪些属于水果，哪些属于交通工具等。

6~7岁儿童的家长可以尝试引导儿童发现事物及信息之间的内在联系，帮助儿童进行整理并进行条理化。尝试帮助儿童将新、旧知识进行关联，同时再引导儿童通过联想建立各种知识和经验之间的关联，形成知识网络。让儿童多说一说每天的经历，如今天都去了哪里，遇到什么人，发生什么事。或者简单地复述听过的故事，家长从多角度重复、概括，引导孩子进行概念的概括和总结。

四、实际问题分析及解决策略

问题： 6岁孩子读书特别慢，总是马虎，丢漏字、读串行。

分析： 成人会觉得孩子不爱看书，是因为没有兴趣、好动、专注力差。其实导致这个问题的真实原因是视追踪能力发展不足。视追踪能力不足的孩子看到一行行密密麻麻的文字就像普通人看到编程的代码一样，会觉得杂乱无章，毫无意义。此时，家长要从基础能力入手，孩子的态度和喜好等只是问题的表象。

策略： 生活中应尽量多让孩子参加户外活动，如爬山，让孩子经常能够有机会进行远眺（向2千米远处眺望）。多参加如乒乓球、羽毛球或者飞盘等游戏活动，让他们多练习用眼睛追踪物体的移动。

室内生活游戏建议如下。

（1）名称。抓宝游戏。

（2）准备。准备8~10个不同颜色的小球（每种颜色2个小球），让孩子在客厅或床的一角坐好，家长在距离孩子5米左右的地方与孩子面对面坐好。

（3）玩法。家长向孩子的方向滚出所有小球，并在球滚动的过程中随机说出一种颜色，如红色。孩子需要在小球滚到自己身边前准确地抓住红色小球。建议每周进行1~2次，每次10分钟。

（4）要求

1）每次滚球都要将所有的小球滚出。

2）指令要在小球滚出一定距离后再发出（至少滚出家长和孩子距离的1/3）。

3）要求孩子尽量全程盯住滚动的小球。

总结： 目前一年级主流的阅读方式，从之前的"一臂距离"的阅读方式，调整为"指读法"（用手指指着，逐行阅读）。这一变化的主要原因是儿童的视追踪能力（视专注能力之一）普遍下降。用"一臂距离"的方式阅读，儿童会出现跳字、串行的情况，很难做到全班齐声朗读。视追踪能力水平对阅读速度产生极大影响，在此阶段进行有效的干预，能迅速提升此能力，让孩子受益终身。

学习单元 6

特殊教育

3~8岁特殊儿童要面临两个艰难时期：3岁入园、6岁入学。在这两个关键的转衔期，虽然安置形式多样，但最终只能选择一个，家长需要了解政策，运用资源，给儿童一个"受限制最少"的学习环境，把特殊儿童的安置建立在科学的基础上。

一、教育安置特征及规律

1. 特殊儿童入园安置

特殊儿童入园主要有四种安置形式。

（1）进入普通幼儿园进行融合教育安置。

（2）继续在学前康复机构接受学前教育康复。

（3）综合安置。在普通幼儿园学习的同时，定期去康复机构或医院接受专项训练。

（4）居家康复。家长依据拟订的个别化家庭教育计划，通过家庭支持或送教上门进行康复并接受康复机构的定期指导。

2. 特殊儿童入学安置

特殊儿童入学主要有四种安置形式。

（1）就近到普通学校接受义务教育。

（2）就近到指定的具备特殊教育支持的普通学校接受义务教育。

（3）统筹安排进入特殊教育学校接受义务教育。

（4）通过提供送教上门或者远程教育等方式实施义务教育，并纳入学籍管理。

3. 特殊教育学校性质及分类

（1）性质。特殊教育学校为政府开办的公立校，经费由财政拨款。

（2）分类。我国的特殊教育学校主要分视障、听障、智障（含其他）、孤独症儿童专门学校四类。也有接收各类特殊儿童的综合性特殊教育学校。《"十四五"特殊教育发展提升行动计划》（以下简称《行动计划》）指出："鼓励20万人口以上的县（市、区、旗）办好一所达到标准的特殊教育学校。"这类特殊教育学校以保障应收尽收为主，所以一般为综合性特殊教育学校。同时，《行动计划》还指出："鼓励省会城市、计划单列市及较大城市建设孤独症儿童特殊教育学校。"2012年，全国教育系统第一家孤独症儿童专门学校在福州成立。现在，孤独症儿童的专门学校将越来越多，逐步满足社会需求。

4. 特殊教育学校的报名条件

（1）有符合特殊教育学校要求的户口，如某些区（县）设立的特殊教育学校，面向本区（县）招生。

（2）有"中华人民共和国残疾人证"。

（3）其他材料，如康复评估材料、体检报告等。

（4）入学年龄可适当放宽，最高放宽到15岁。

（5）原则上特殊教育学校免试入学，应收尽收。

5. 特殊教育学校学制

《"十四五"特殊教育发展提升行动计划》指出："鼓励有条件的地区建立从幼儿园到高中全学段衔接的十五年一贯制特殊教育学校。"目前，多数区（县）属特殊教育学校实行9年一贯制。城市及沿海发达地区"向两头延伸"已过渡到15年学制。

6. 特殊教育学校收费

特殊教育学校实行免费教育15年，免学杂费、书本费，给予生活补贴和交通补贴，住校生免住宿费，免费发放床上用品，免费发校服等。

7. 普通幼儿园、普通学校里的特殊儿童

（1）对象。普通幼儿园、普通学校里的特殊儿童从政策覆盖角度来说，指有"中

华人民共和国残疾人证"的特殊儿童，从教育的角度来说，应包含已经确诊的、有"中华人民共和国残疾人证"的和未被发现的特殊儿童。

（2）布局。原则上每个乡镇（街道）至少建设随班就读小学、初中基地学校各1所，在校残疾学生（指有"中华人民共和国残疾人证"的）5人以上的普通学校建设特殊教育资源中心（教室），配备资源教师，在职称评定及绩效工资上给予倾斜。

（3）经费。在普通学校随班就读的学生生均公用经费参照特殊学校学生的标准拨付。对经费标准，各地有相应的规定。例如，福建省出台的《福建省"十四五"特殊教育发展提升行动方案》规定："按照普通初中的10倍拨付，所需资金省、市、县（区）分级分档承担。"

（4）2020年6月，教育部印发《教育部关于加强残疾儿童少年义务教育阶段随班就读工作的指导意见》（教基〔2020〕4号），家长可参阅。

（5）特殊儿童的教育安置，儿童本人与家长的意愿必须得到尊重，这也是安置的重要依据。儿童不能有效表达需求或愿望时，家长可作为代言人表达相应的需求或愿望。

二、教育安置相关知识

1. 办理"中华人民共和国残疾人证"

"中华人民共和国残疾人证"是认定残疾类别、等级的合法证件，是享受优惠政策、扶助规定，维护合法权益的依据。依据国家标准《残疾人残疾分类和分级》（GB/T 26341—2010）的规定，残疾类别主要有视力残疾、听力残疾、言语残疾、肢体残疾、智力残疾、精神残疾和多重残疾等。

自2021年6月28日起，"中华人民共和国残疾人证"办理不再受户籍地限制，新办、换领、迁移、挂失补办、注销、残疾类别（等级）变更等6项实行"跨省通办"。

2014年第三代"中华人民共和国残疾人证"为智能卡式证件，功能包括身份识别、交通使用、旅游管理、业务管理、金融应用等。

"中华人民共和国残疾人证"在街道便民服务中心，或县级残疾人联合会现场办理，也可网上办理。

3~8岁特殊儿童中已确诊的残疾儿童，办理的"中华人民共和国残疾人证"可在医疗、康复救助、辅具配备、特殊教育上发挥作用。

2. 教育安置流程

教育安置是在诊断的基础上，将特殊儿童安置在一个恰当的教育环境中，进一步观察儿童在这个教育环境中适应性的过程。流程如下。

第一步，接案。

根据当地教育行政管理部门的意见，将特殊儿童安置在特殊教育资源教室或资源中心。基本流程是与家长晤谈，了解儿童情况，初步确认儿童是否符合接受特殊教育的条件。对符合条件的办理接案，对不符合条件的提供咨询、建议，并进行必要的持续跟踪服务。

第二步，建立档案。

在保护儿童及家庭隐私的情况下，收集仅供教育安置的资料并建档。

第三步，召开个案综合分析会议。

召开由教育行政管理部门、学校、教师和相关专业人员，以及家长、有表达自己意愿能力的儿童参加的个案分析会。这是决策特殊儿童教育安置和教育重点的会议。

第四步，拟订个别化教育计划。

由家长、教师、专业人员根据个案分析会的决定，拟订个别化教育计划，作为提供教育的依据。

第五步，动态安置。

一般首先安置在普通班级中就读，建立支持系统，力争成功在普通班级学习。一段时间后，若发现必须调整，则根据具体情况做出适当调整。

第六步，转衔。

当特殊儿童完成一个阶段的学习，就需要进入转介环节。这一阶段需要提供有关儿童的个别化转衔教育计划，进行转衔教育。

三、教育安置适应性提升

教育安置适应性提升体现在转衔教育的接案转衔和结案转衔两个环节，以及帮助家长获得支持方面。

1. 接案转衔

接案转衔是指如何做好从以家庭为中心的早期干预成功地转到教育康复，经过3年左右的教育康复，平稳过渡到义务教育阶段。其间儿童的生活将发生以下3方面的变化。

（1）环境变化。在没有"转衔"概念时，家长可能采用传统做法，"强制性"将儿童送入陌生的环境。当出现问题时，再用"惩罚"导致儿童惧怕离开家，甚至不能离开床，不能上学。正确的做法是：将现实生活与新环境进行对比分析，预测新环境对儿童的要求，制订转衔计划的教学目标。如搞清楚在新环境中吃饭、喝水、如厕的新要求是什么。

（2）活动变化。要分析儿童的能力起点、活动特点，把新环境中活动的规则要求、时间要求、参与方式了解清楚，设计转衔教学活动。如进行在新环境中吃饭、喝水、如厕等活动的适应性训练。

（3）人际关系变化。从家庭中心进入教育康复中心，人际关系面临重大变化。如过去吃饭、喝水有人喂，如厕有人照料，而在新环境中需要独立，寻求帮助时需要表达等。

经过"环境—活动—人员"的整体关键活动分析，得出以"日常生活自理"为转衔目标，并确定实现目标的支持方式，制订出转衔计划，在教育康复机构和家庭的协助下逐步完成。

2. 结案转衔

结案转衔是指如何将儿童成功地从学前特殊教育转衔到义务教育阶段。在接案转衔的基础上，分析安置方向的"环境—活动—人员"的要求，在结案中除了介绍儿童的基本情况，总结学前教育成果，还要提出儿童可能的课程选择、存在的问题及建议对策，为义务教育阶段的教师和专业人员提供参考。

3. 帮助家长获得支持

（1）家长获得支持的最好方式是加入家长组织。对比研究表明，家长支持家长模式优于专业人员支持家长模式。

（2）支持家长学习，用知识武装自己，用"知道"减少焦虑。

（3）围绕个别化教育康复计划参与教育康复活动的全过程。

（4）支持家长纵向比较孩子的进步，以适度的期望，理性地给儿童定位，不懈努力，静待花开。

四、实际问题分析及解决策略

问题：4岁孤独症儿童，不参加集体活动，不看人，很少进行目光对视，甚至不会用手指食物表达自己的需求，怎么办？

分析：儿童到了4岁还不会说话，不看人，家长着急，用发音训练代替沟通，花去大量的时间。有声语言是最便捷的沟通方式，当儿童无法达到这个目标时，可考虑其他替代沟通方式，以解决儿童的功能性需求。例如，用手指饭碗图卡表达吃的需求，获得他人帮助。再如，使用肢体语言表达需求，点头同意，摇头否定等。儿童是否听得懂也与讲话者的技能相关，其讲的话要否符合儿童的语言特征。

特殊儿童目光对视时间短，或漫不经心，家长要仔细观察记录儿童看人的时间、地点、事件，掌握规律，及时正向引导、奖励、强化。目光对视是有效沟通的组成部分，需要在沟通训练中完成，且从日常沟通开始。

策略：

第一步，建立儿童对人的需求。

在生活中创造机会让儿童找人帮忙，但是要注意不要让儿童感觉到成人是故意找碴或使坏，否则儿童会有情绪问题。一开始，要在与儿童的互动中，包括生活上和陪伴玩耍时，主动帮助儿童，让儿童形成对他人的依赖，如经常在他玩耍的时候为他递上需要的物件，让他感觉成人非常懂他。

第二步，等一等。

当儿童有需求时，等一等，不要马上满足。

例如，当儿童要抱、喝水或伸手时，出现了沟通意愿，就要抓住时机建立目光接触、手势、发声等沟通行为，让儿童意识到每种沟通方法都可以传递信息。当儿童能够进行能力范围内的有效表达时，应及时进行强化。如果儿童被诊断为孤独症，要先教授社交核心的能力，如用眼神提要求、用手势提要求等，再加入口语，每次只用一种方式，学会之后再加入下一种方式。

第三步，创造大量练习机会。

可在给儿童东西前设置障碍。例如，东西一点一点地给，或藏起来，或放在他看得见的高处，延迟满足或不断增加"饥饿感"，触发儿童的表达欲望。操作中注意不要让儿童过于频繁地感觉到被操控，要及时强化。可适度中断正在进行的活动，给儿童提要求的机会。

第四步，持之以恒。

始终让儿童觉得沟通很容易。无论是非口语还是口语的表达，都要让儿童觉得很快、很容易就能做到，再对儿童提出稍微高一点的要求，让儿童很容易成功。例如，玩肢体动作游戏，点点头、摇摇头、挥挥手、指一指、伸出手、击掌等。又如，玩发音模仿的游戏，当儿童有一定发音的时候，根据其已经能够发出的音节，多做一些仿声的游戏并快速强化。如果他能够发出"dada"，就帮他尽量说出"大大"或"灯灯"等相似音的词来表达需求。

第五步，用恰当的辅助形式。

家长要注意自己的位置，应在儿童面前，视线与儿童齐平，共同关注的物品放在中间。肢体辅助可以用在肢体语言上。因为肢体辅助容易帮助儿童形成正确的行为，可以用在很多场合中。当儿童能够使用口语的时候，可以多示范口语。

将上述5个步骤融入家庭生活中，可多方面帮助儿童提升沟通能力，为他们顺利转衔提供支持与帮助。

总结：应该科学地看待儿童不表达、不看人的问题，不要急于"贴标签"。家长可多从儿童生理、心理、环境、沟通方式、沟通内容等方面寻找原因，以解决问题为目标，从"我"做起解决问题。

培训任务 3

8~13 岁少年儿童家庭教育

此阶段的孩子，通过过往生活经验，对应该如何做，外界是如何评价自己的，自己的特征是什么，仰仗什么来获得外界积极的认可并拥有良好的结果，逐渐形成稳定的判断。此阶段是人生观的萌芽期，会形成家长普遍关注的孩子们对学习的态度、对自己的判断，以及思维发展水平等重大且持续的特质。

　　这个阶段会经历人生中神经系统爆发性发展的最后一个时期（10~13岁），依据过往生活经验，在青春期早期内化生成稳定而隐秘的人格特征，如正直、善良、积极心态、毅力品质等，社会性特质明显固化，是引导和调整的最佳时机。伴随着生理上的快速发展，心理上的成熟显得有些迟滞，这个现象导致此阶段的孩子发展出现较大的内部纠结，体现在日常生活中的行为上，构成了父母对这个阶段孩子行为表现的困惑。"孩子们到底怎么了""什么都不和家长说，应该怎么引导"成为家长之间交流的主要话题之一。

学习单元 1

生理发展

8~13岁包含了人生中神经系统爆发式发展的最后一个时期，也是修补以往教育遗憾的关键期。这个时期是青春期教育的筹备阶段，对父母提出的要求更加严苛。

孩子们在这个时期会形成自己对人生的基本态度，充分体验着生理快速发育与心理发育相对延后带来的内部纠结。这种内部纠结、积累了大量的能量，并时刻寻找着"出口"。这股能量是青春期反叛的"弹药库"，"出口"多数指向孩子们最亲近的父母。

只有家长科学地理解这个时期孩子的发展规律，才能为孩子后续发展奠定基础。尤其要明白伴随生理功能发育成熟，毅力、自信、道德感、荣誉感等社会性情感、积极品质建立与长期稳定体育锻炼高度关联，这一点有利于家长制定更符合期望的教育目标规划。

10~13岁神经系统爆发式发展过程中，前额叶快速发展（认知快速发展的生理机制），为后续规划和执行能力、自我管理能力提升提供生理上的支持。前额叶被称为"大脑司令部"，是实现统筹、规划和自我约束的脑部区域。在没有充分成熟的情况下，孩子们做一个学习规划而不能以此执行的主要原因，就在于前额叶不成熟，而不是故意与家长、老师对抗。

这个时期脑和神经的发展，使这个时期成为一生中最适合学习，且效率最高的一个时期。大脑的前额叶皮层、杏仁核、海马体等既是调节恐惧和焦虑的区域，也是学习知识的主要区域。也就是说，掌管恐惧和焦虑的区域和掌管学习的区域高度重合。一旦这些区域被情绪所占据，人就只能优先处理情绪信息，严重影响孩子的学习效率

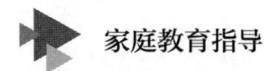

和成果。无论是由于孩子不听话，还是青春期反叛，当诱发了亲子冲突和焦虑、愤怒情绪的时候，这种体验已经在严重伤害孩子的学习能力和效果了。与此同时，性成熟也逐渐显露，第二性征出现。青春期的到来在一定程度上分散了精力，孩子们把部分精力不自觉地投放到两性互动关系之中。此时家长的有效指导和协助，决定了孩子关注和精力的投放策略。科学地理解与引导，是这个时期家长的重要任务。

一、生理发展特征及规律

1. 脑容量、神经系统快速成熟，骨骼、肌肉、外形发展快速变化

大脑由约140亿个细胞构成，重约1 400克，人脑中的主要成分是水，占80%。大脑虽只占成人体重的2%，但耗氧量达全身耗氧量的25%，血流量占心脏输出血量的15%。此时，孩子的脑重量达到成年人的95%，到13岁左右几乎都能达到成人的水平。神经系统的髓鞘化过程仍在进行。

伴随脑和神经系统的发展，骨骼和肌肉的发展也进入最后一个阶段。身高可以在这个阶段通过科学预估形成预判，运动优势筛选和匹配度预估也在这个阶段完成，不会有太大的误差。很多孩子在这个年龄，身高基本已经超出了父母，达到成人的状态。

肌肉发展的状态由先天遗传因素、后天生活状态与锻炼共同决定，差异巨大。全国体能监测数据显示，青少年体能下降普遍存在，就引体向上一个项目的成绩来看，状况并不乐观，这也引发了全社会的关注。肌肉发展需要科学而持续的运动支持，当前的生活状态，尤其是孩子们社会交往内容、形式发生的变化，对肌肉发育发展都产生了消极的影响。

2. 机能变化，心肺功能发展，达到或接近成人水平

儿童期的孩子心肺功能仍然处于发展期，其发展的实质是通过肺部生成新的肺泡组织，来提高肺呼吸量和功能。锻炼可提高单个肺泡的体积，达成提高心肺功能的目标。此阶段的科学理解和有效锻炼，会使孩子们受益一生，错过而不会再有。

8~13岁孩子心肺功能的发展对未来一生都产生影响，决定孩子心肺功能的基础条件。科学锻炼除了有益于心肺功能的发展，同时也能促进孩子积极心理特质的发展，在锻炼中获得坚毅、正直、不服输、遵守规则、努力进取的心理动机。坚持2年以上的科学锻炼，能造就肌肉的记忆，运动的成就感能强化心理的坚毅，强大自我。

3. 青春期早期性心理教育

青春期平均每十年提前4.5个月，城市与农村存在差异，这种情况已经持续了近

50 年。当下公认的青春期始于 11 岁左右，提前的趋势并没有停止。不断提前的青春期，对父母和社会教育提出了更高的要求。人类是哺乳动物中成熟最晚的几个物种之一。需要成人和全社会对下一代付出更多的心血，以保证种族的延续。当今社会中，对青春期行为的了解与应对策略，明显不足以支撑家庭顺利完成教育任务。很多商业机构针对这个阶段，发起通过制造焦虑，获取商业利益的活动，渲染气氛，很多内容缺乏科学依据，往往会给问题解决带来短暂效果，长期来看却造成了负面效果，反而增加了这个阶段教育的危险性。究其原因，还是父母缺乏科学而有效的指导。

此阶段孩子们进入性发育时期，表现出对两性的关注，有关性生理基础知识在学校教育中得到基本满足，互联网等多种渠道也提供了各种信息资源，知识类信息在当前已经不是最紧要的两性教育内容。在家庭教育中，父母之间的互动以及父母针对性表现出的态度，成为当前家庭青春期性教育最为重要的范畴。父母之间两性关系的质量是孩子正确看待家庭和两性关系的重要依据。另外，孩子直接或者间接感受到的父母对性的态度，间接影响了孩子对于性的科学态度的建立，能够平等而平静地讨论性问题，成为家长的必修课。不过度焦虑和恐惧，是青春期性教育的正确态度。

二、生理发展相关知识

生理发展的阶段标准，在医学界有着明确的指标，这些指标为青春期教育提供了科学的依据。结合指标深入分析生理发展对于孩子各项能力发展的影响是家庭教育策略制定的科学基础。这些分析对于理解孩子的发展及行为变化具有积极的影响。

1. 脑成熟与脑功能发展对行为的影响

此阶段的大脑成熟体现在生理基础上，包括重量、体积、神经髓鞘化进程等。此阶段各脑部区域的成熟，使相应的脑功能开始发挥作用，但还没有完全实现，大部分功能是伴随孩子们一生不断发展完善的，这就是"终身学习"的生理学基础。青春期阶段的反叛行为，多数是这类脑功能发展差异造成的非理性行为的一种表现。

2. 骨骼肌肉运动能力差别与学业行为表现

骨骼与肌肉的发展水平，很少会被认为会影响学业表现。对生理发展缺乏深入的理解，直接导致家长对孩子的行为产生疑惑。上一个发展阶段入学早期有一部分学生有坐不住现象，就是其运动能力较低，部分肌肉群发育不足，缺乏对身体的控制能力导致的。伴随肌肉和骨骼的发展，8 岁学生课堂上坐不住的原因变得更加复杂。首先排除肌肉骨骼发育带来的影响；其次是学生学习意愿与学习习惯、态度等软性条件影响；最后是师生人际关系的影响。提高学生学业成绩，科学评价问题原因是基础。

精细肌肉发展水平决定书写速度与效率，眼部肌肉群发展水平影响阅读效率，背部肌肉群发展水平影响坐姿站姿和书写姿势等。这些学习的生理基础能力，都与学生骨骼与肌肉的发展水平直接相关联。

3. 前额叶发育与青春期反叛行为的关联

前额叶的功能直接与行为表现相关，尤其是学习和生活中的习惯、规则、行为能力等，因此是教育中最关注的脑部区域之一。前额叶对青春期冲动行为具有抑制作用，成熟的前额叶，可以使人理性地思考，缜密地规划与执行，适度地表达意愿，进行自我管理。

4. 性教育与个人发展

性教育与个人未来发展之间存在的关系，与父母对孩子发展的期待有关。如果幸福和体验到人生成就是教育的目标，那么家庭幸福、良好的两性关系就成为重要能力。而以"唯分数论"或者"财富幸福论"为教育理念的父母，对于这一点的理解就会完全不同。

亲密关系是所有人际关系中最难以持续维持良好状态的范畴。具备处理好两性亲密关系的能力，就可以应对其他各类型复杂人际关系，对于个人的幸福感和形成良好人际氛围具有重要的意义。

三、生理发展提升

8~13岁孩子生理发展优于心理发展，通过生理发育的明显优势，带动心理发展水平提升，具有极好的作用。

1. 持续而有规律地锻炼缓解青春期反叛行为

大多数青春期反叛行为的共同点在于这类反叛主要针对父母。从这个共性问题来推断，"听了你们十年的话了，该听我自己的了！"这种意愿的表达，是反叛行为的心理动机。由此动机所产生行为的猛烈程度来评判，反叛行为需要消耗大量能量，此时生理和心理发展所带来的能量，为青春期反叛提供了动力支撑。拥有较固定爱好和坚持锻炼的孩子少有反叛行为的发生，多数由于自身能量都指向自己更为感兴趣的爱好和锻炼，缺乏反抗的时间、精力和能量。

8~13岁的孩子进行有规划的持续锻炼，坚持2年，不仅仅能养成良好的生活作息习惯，磨炼意志品质，也能消耗掉大量的能量，从根本上解决反叛行为的动力问题。

加上家长科学而有效的引导，势必降低青春期反叛行为的发生概率和反叛行为的强度。

2. 骨骼、肌肉发育与锻炼

8～13岁孩子们身体外部可观察到的变化是最为明显的，部分孩子身高、体重已经达到或者超越了父母。

骨骼有五个功能，保护、支撑、运动、代谢、造血。不能简单地用身高来评价孩子骨骼发展水平而忽略其他功能，造成对成长要素的片面解读，进而导致养育悲剧。

人体全身肌肉约639块，约由60亿条肌纤维组成，其中最长的肌纤维约60厘米，最短的仅有1毫米左右。大块的肌肉约2 000克，小块的肌肉仅几克。一般人的肌肉占体重的35%～40%。骨骼和肌肉需要在运动过程中得到充足的发展。当下8～13岁孩子体育运动的时长、频率和形式都无法满足发展需求，出现较多的发育问题。缺乏运动的孩子不可能健康成长。

四、实际问题分析及解决策略

问题：13岁孩子没有体育爱好怎么办？

分析：运动是孩子成长中不可缺乏的要素。运动不仅能保持身体健康，还能使人获得荣誉感、自信、毅力品质，运动还有助于提升规则意识。

策略：

（1）兴趣建立。与孩子一起观看比赛，感受赛场的热烈气氛。与孩子一起谈论各种体育项目的规则，了解体育给人带来的好处。一起关注一个体育明星，了解体育明星的生活和经历。逛街时多看看各种各样的运动装备，了解各种运动器械的用途和使用方法。适当地给孩子配置合适的运动器械，如足球、篮球、乒乓球、羽毛球、溜冰鞋、自行车等。

（2）陪伴与坚持。养成运动的习惯少不了家长的陪伴和督促。如果家长是体育爱好者，孩子大比例也会爱上运动。

家长们可以在固定的时间陪孩子一起参与运动，早期哪怕是饭后遛弯儿也是可以的。但需要保持一定的频度和时长，至少坚持半年，如与孩子约定好每周二、四、六晚上7点到8点。家长和孩子在运动时需要穿合适的运动服和运动鞋。过程中如果孩子有合适的同伴一起运动将会是更佳的方式。帮助孩子广泛地体验各种体育项目，依据孩子的爱好，最终保留一两个项目坚持下来。

（3）情境设置。10岁以前在运动的过程中家长需要注意给孩子设置他们喜欢的情境，如跑步时假设自己是一辆赛车，在赛道里比赛，或者正在参加战斗、行军等。总之让孩子能以情境游戏的方式展开体育锻炼。这样孩子才不会觉得枯燥，慢慢地爱上运动。

（4）成就体验。在刚开始进行一项体育运动的时候要注意难度的把握，难度应是递进的。应选择适宜的难度让孩子在运动中体验到成就感和满足感。如果是参加竞技项目，家长不应过分关注名次，让孩子在轻松的氛围中体验运动的快乐。

总结：家长都希望孩子健康快乐成长。而坚持锻炼对每一个家长，尤其是父亲来说，是一个艰巨的任务。从教育分工上来说，父亲是这个阶段陪伴孩子的最佳人选，但这并不表示只有父亲才能够做到。社会发展使家庭形式和成员具有复杂性，很多案例显示，单亲家庭也能够培养出优秀的孩子，父亲缺位的家庭也可以充满欢笑。关键在于成年教育者对教育的科学态度的建立，以及依据自身资源开展教育的行为。

学习单元 2

言语发展

本阶段孩子们处在内部语言发展的关键期，家长所看到的孩子自己安静下来思考问题，很可能是他们正在使用内部语言进行思考的行为表现。一部分孩子出现发呆的行为，即"白日梦"状态，也是内部语言发展的行为表现之一。内部语言的发展直接决定孩子的思维发展水平。

这个阶段主要发展书面语言和内部语言系统，体现在写作和思考能力上。为了配合孩子内部语言的发展，在学校课业要求上也告别了看图说话，转向日记和短篇命题作文形式。与此相呼应，数学教学中应用题开始出现，对学生的理解能力带来不小的考验。很多父母为此而苦恼，在此阶段发出上学怎么这么难的悲凉疑问。科学而真实地理解孩子的成长过程，成为家长必修课。

为什么这么难？不是教育和孩子出了问题，而是社会发展带来了新的教育困惑，家长没有及时、准确解读。互联网、手机、视频、短文章、全新的生活状态，对于孩子形成良好的言语系统、提高阅读和思考能力的影响超过父母的想象。此阶段家长对孩子们言语发展的忽略，导致他们很难明白为什么孩子不会深入思考，思维和交流倾向于表面化。

学习、阅读和写作习惯的建立，不仅仅是行为能力，也代表思维发展水平。多数家长接受父母习惯对孩子产生影响的观点，但很少会理解生活本身对孩子思维发展产生的影响。语言，尤其内部语言是思维的工具之一，缺乏内部语言的支持，思维发展将停滞或发展缓慢。

一、言语发展特征与规律

从语言的特征可以推测使用者群体特点。浪漫色彩浓郁的语言必然伴随着浪漫主义的民族行为特点；严谨、朴实的语言类型，直接影响着使用民族的表达风格，形成相同的群体观念。在同一个语言体系中，不同职业的发展倾向，也取决于言语发展特点。例如，一名语文教师与IT（信息技术）工程师的言语策略与特征完全不同。孩子进入8岁之后，一方面教学环境对学生理解他人言语、表达自己思想提出了更高的要求，另一方面伴随着专门学习语言的课程——语文课的开设，孩子们的言语能力无论在形式上还是在内容上都发生了巨大的变化。

1. 言语发展规律

口头语言主要包含两种形式，一种是对话言语，另一种是独白言语。在幼儿的口头语言中，对话语言占绝对优势，而进入学校之后，需要儿童使用独白语言的情境大大增多，如自我介绍、回答问题、复述课文、在班级活动中发言等。在这些情境的要求下，加上语文课上对母语的进一步学习，孩子们的独白语言开始迅速发展起来，并开始成为口头语言的主要形式。

童年期的孩子常常会出现一种口语表达能力退步的现象。有的孩子入学之前语调丰富、绘声绘色，描述一件事情的时候具有很强的感染力和表现力。但在入学之后言语却变得单调、平淡、缺乏感情色彩。尤其在入学早期，家长总会发现孩子平时交流比学业上的交流更加丰富。这实际上只是一个阶段性的表面现象，家长不必为此担忧。这种现象的产生是由于孩子在说话的时候，注意力转向了言语的发音和内部组织方面。只要加以适当引导，这种现象很快就会消失。此时孩子们的口头词汇较早期也有了很大发展，词汇数量尤其是抽象词汇的数量继续增加，对词汇的理解更加精确和深刻，运用词汇的能力增强。在教学的影响下，孩子的口语表达能力也进一步完善起来，语句合乎语法规则，完整而连贯。

孩子的书面语言是在进入小学之后才真正发展起来的。整个小学阶段，最初是书面语言落后于口头语言，在正确的教学影响下，约从二、三年级起，书面语言逐步赶上口头语言的水平。约从四年级起，书面语言的发展即可超过口头语言的水平。资料表明，在小学生书面叙述与口头叙述中词的数量之比为：一年级20∶40，二年级42∶46，三年级73∶75，四年级106∶76。书面语言的发展主要体现在识字、阅读、写作等方面。

内部语言是不出声的内部心理活动，是思维的工具之一，对思维发展的影响较为直接，并且受到口头、书面语言发展水平的影响。

2. 言语发展各阶段的意义

每个阶段的言语发展都有自己的条件，并且具有一定的规律性。

第一阶段掌握口头语言与外界进行沟通，表达自己的意愿，推动了个体自我意识的完善。书面语言比口头语言出现得晚。从人类发展角度来看，文字是在口头语言出现之后才产生的。从个人发展的角度来看，个体总是先学会听和说，之后才会读和写。

第二阶段生成内部语言，内部语言是一种不出声的语言活动。幼儿已初步表现出内部语言的萌芽，但水平很低。伴随年龄增长，内部语言水平逐步提升，内部语言是思维的工具之一，成人的内部语言也在不同程度持续发展中。

它的重要特点是：先想后说或者是先想后做，对有关自己所要说的、所要做的思想活动本身进行分析，用批判的态度来对待自己的思想内容和思维活动。内部语言是在外部语言的基础上产生的，内部语言又是外部语言的准备。

第三阶段使用书面语言，沟通、传递和收集信息的形式和能力得以全面扩展，是个体知识体系快速建立的基础。书面语言比口头语言要求更高、更复杂，需要精确的词句、正确的语法和严密的逻辑。

口头语言往往与情境相联系。一方面由于即时性比较强，因此说者没有机会过多组织自己的语言；另一方面口头语言即便表达不完整，表情、动作等也可以帮助听者理解说者所要表达的信息。而书面语言则不然，需要人们精心地遣词造句，其要求比口头语言高得多。书面语言更易于超越时间和空间的限制，得以广泛而长久传播和保存。口头语言的听者数量有限，在说出之后转瞬即逝。而书面语言可以通过文字使更多的人看到，也可以通过书本、存储器等物理形式长久保存。

文字是书面语言的载体，通过字符来表达对应的意义，达到准确传递信息的目的。掌握一种文字需要长时间的学习与应用训练，并且有对应的考核标准。

内部语言是无形、不可触及的，是思考能力的具体表现。朗读是口头语言和书面语言的结合，默读是内部语言和书面语言的结合。

有学者将小学生的默读能力划分为四个等级，对小学生的默读能力进行了研究。研究提出了小学生默读能力发展有以下特点。

（1）小学生复述和理解的发展水平都随年级而上升。一、二、三年级的小学生处于四级水平，不会默读；四、五年级的小学生有半数属于三级水平，部分达二级水平。小学四年级是默读能力从四级水平向三级水平发展的转折期。

（2）小学生默读能力发展的城乡差异，在复述方面不显著，在理解方面城市优于农村。

（3）小学生默读能力性别差异不显著。

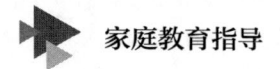

（4）在理解的各项指标中，中心思想最佳，问答、段落次之。

默读与内部语言有关，可以通过默读推测孩子们内部语言的发展阶段水平，同时也可以推测，阅读对于孩子们更好地掌握内部语言具有积极作用。

二、言语发展相关知识

言语是指人们对语言的运用，它有两个意思：一是指人说和写的过程，是人的一种行为，叫言语活动，也叫言语行为；二是指人说出来的话，写出来的东西，也叫言语作品。无论是行为还是作品，都具有个体特征属性，代表着使用者的某一种独特性。

1. 言语是社会交往的工具

在具体的言语活动中，作为一个行为过程，人们说出的话是无限的，每句话的长短在理论上也应该是无限的，任何一句话都可以通过追加成分，使它变得更长。

简单地说，语言是言语活动中同一社会群体共同掌握的，有规律可循而又成系统的那一部分。语言是社会共有的交际工具，因而是稳固的，处于相对静止状态。而言语则是人们运用语言这种工具进行交际的过程和结果，是自由结合的，处于相对的运动状态。语言是个系统，是言语活动中社会成员约定俗成共同使用的部分，是社会共有的交际工具，人们在运用这个工具的时候，必须遵守这个系统的规则。因此，语言具有社会因素。而言语是人们运用这个工具的过程和结果，具有个人特色，每个人说话的嗓音，每个音的具体发音，每个人使用的词语和句子结构等方面都有个人特色，而且每个人每一次说话都可能是不同的。因此，言语除了具有社会因素，还具有个人因素。每一个人在交流时都具有极强的个人特征属性、惯用且稳定的表达方式，这就是经常听到的"这个人说话就这样"的由来。

2. 言语是思维的工具

思维与内部语言密不可分。

入学之后，无论是在课堂上回答问题、复述课文，还是在课外完成书面作业、参加各种集体活动时，都需要先仔细想一想，然后再说或再做，这就使孩子们的内部语言迅速地发展起来。在整个小学阶段，内部语言的发展大体上经历了三个过程。

一是出声思维时期。初入学的儿童还不善于考虑问题，而是需要通过外部言语来帮助思维。例如，做计算题时，往往一边自言自语一边演算。

二是过渡时期。最初，在面对简单问题时，提示"想一想再回答"，帮助孩子学会短时间的无声思维。之后，通过提出复杂问题，促使孩子进行较长时间的无声思维。

这使得孩子的内部语言等能力逐渐得到发展。

三是无声思维时期。随着学习能力的发展，孩子在演算或阅读课文时，无声思维开始占据主导。内部语言也开始日益复杂起来。但在阅读或演算遇到困难时，他们还是会使用出声思维来帮忙，也就是用有声的外部语言来帮忙，这说明内部语言在小学阶段并没有达到完善的程度。无声思维会在以后的各个时期，甚至终身不断地发展和完善。

在8~13岁学习的过程中，内部语言得到充分的发展，将有利于思维能力的提升。针对不同阶段孩子的行为表现，有效地协助、引导内部语言的发展是每个教育者的重点任务之一。内部语言的熟练应用不仅仅对当下学业表现有积极的作用，对持续一生的思维发展也具有重要的意义。

3. 言语发展决定未来发展方向

写作是书面语言的高级过程和形式，它是从说出的词（出声的或无声的）向看到的词过渡，其基本要求是能连贯、有顺序地表达自己的思想，使别人能理解。它体现了孩子对客观世界的认识能力、逻辑思维能力和文字表达能力。写作能力对于人的一生都极其重要，无论是生活中的日记、书信、公函，还是学术研究中的论文，都是以写作能力为基础的。

在教学中，人们常把小学生写作能力的发展分为三个阶段。

（1）准备阶段。即口述阶段。如口头造句、看图说话等。口头语言是书面语言的基础，连贯而流畅的口头叙述对于写作而言极其重要。

（2）过渡阶段。过渡包括两个方面：一是从口述向笔述过渡，即把口述的内容写成书面的文字；二是从阅读向写作的过渡，如改写、缩写、扩写等。

（3）独立写作阶段。这一阶段需要独立地考虑、计划和写作，是最困难的一个阶段。

对言语发展水平的科学理解，不仅仅可以对当下教育提供帮助，对于孩子未来独自面对的生活与工作，具有重要影响，影响孩子未来的发展方向。

三、言语发展提升

人类语言有近6 000种，通过口语进行交流是人类与其他物种最大的区别之一。言语的发展使人区别于动物，但同时也制约着人本身的发展，重视孩子的言语发展，对其未来一生的意义，可能远远超过人们当下对这一点重要性的理解。

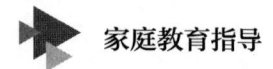

1. 言语发展与社会交际

人们运用语言进行交际的过程称言语。言语要借助于语言才能实现，离开了语言，人们之间只能通过表情、动作进行交际，而这种形式的交际包含的内容是非常有限的，远远不能满足社会生活的需要。所以，言语离不开语言，只有借助于语言才能实现人们之间的交流。语言是在人们相互交际的基础上产生的，语言也只有发挥它交际工具的功能，才有存在的价值，才是活的语言，离开了人们的交际活动，语言也就变成了死的语言，将被社会淘汰。语言也离不开言语，言语具有个体属性，是情境中个体表达自己的一种形式，也是外界了解个体的一个视角。

2. 言语发展对自我发展的影响

言语是个体特征的一种表达形式，影响个体发展的方向与成绩。写作是书面语言的高级过程和形式，演讲以口头语言为基础，两种技能的发展水平，决定了两个不同的自我发展方向及其成就。

每一个个体成长环境和发展意愿的结合，会产生完全不同的自我定位和与之相应的发展成果。社会属性是人类最为突出的一个特质，而社会属性与言语应用水平有着必然联系。在社会中发展自我，以及不停地接受社会信息，进行自我发展目标的修正，获取有力支持，是自我认定与发展所必经之路。

在漫长的个体成长过程中，书面和口头语言应用能力，在获得认可与支持方面具有重要的作用。孩子的成长需要不断地迭代和坚定自我发展的目标，这需要良好的言语发展水平来支撑。自我发展是个体与外界互动的产物，言语发展对儿童自我发展具有积极意义。

四、实际问题分析及解决策略

问题： 12岁孩子独立意识差，不善于思考。

分析： 深入思考是一个积极的品质。有研究显示，当下孩子无法深入思考，与成长过程中缺乏独自空间有关。让孩子有自己掌控的时间，以及不被干扰的伙伴互动极其重要。应针对当下孩子发展所欠缺的"安静""思考"的稳定环境，设法让孩子提高主动性和可控性。

策略：

第一步，发起每周一次的全家游戏活动。

第二步，游戏规则如下。

（1）在规定时间内，家庭成员相互不干扰，独自决定活动内容。

（2）游戏时间为每周六或周日，上午或下午 4 小时。

（3）游戏期间，所有参与游戏者做到以下几项。

1）不得说话、询问、交流或者睡觉。

2）不得看电视、听录音、上网、打电话，不能发出声音。

3）活动期间各自完成一项任务。

总结：通过游戏，家庭成员间在一段时间内体验边界感，互不打扰，相互尊重。创造一段自由时间，自主决定如何规划，让孩子体验自主性。排除各种干扰，各自完成一项短时间内能完成的任务，提高孩子的自控能力。有规律地制造空白时间段，让孩子有机会提高内部语言能力，锻炼思维能力。长期松散而缺乏短期目标的生活不利于孩子成长。

学习单元 3

情绪调控

8~13岁，孩子们进入较为稳定的快速发展期，是高级情绪调节能力建立期。伴随对复杂情绪的理解与体验，结合外部影响，逐渐形成自己独特的情绪解读与应对策略，并在生活实践中反复验证并迭代，形成自己稳定的策略体系。

此阶段情绪调控能力的发展水平主要影响因素有以下两点。

一是前期对情绪识别、表达和调控能力的理解水平与执行质量。

二是教师及父母对日常生活中情绪事件解读和解决策略的指导与讨论。

日常家庭教育中，由于家长对情绪发展缺乏科学理念和教育策略，本阶段孩子缺乏情绪管理能力的事件多发。如何在本阶段进行有效的补偿教育是这个阶段的教育重点之一。另外，家长本身情绪管理的现状也令人担忧。很多案例显示，在与孩子交流学业问题的时候，最先情绪失控的是家长。8~13岁年龄段，多数孩子的学习状态趋于稳定，家长也适应了学习生活的节奏，是最佳的情绪情感教育的时期之一。

从孩子发展的角度来看，此阶段情绪情感教育中，家长有以下两项任务。

一是巩固和掌握情绪调控能力。

二是建立社会性情感，提高孩子社会融入能力。

8~13岁孩子的社会性情感发展，是同一性和理想的基础，他们开始意识到对一切事情的感受，而这就转变了他们的价值观和判断力。

社会性情感发展不良的孩子会出现不尊敬师长、恶性伤害同伴等情况，引发社会广泛关注。心理学界将社会—情感学习涉及的技能归纳为5个方面：自我觉知、社会觉知、自我管理、决策和关系处理，见表3-1。

科学地理解情绪情感发展，逐步实现社会—情感科学教育，正确地看待孩子的发展需求，通过自身情绪情感的理解与能力提升，来帮助、教育孩子，使其成长为正直、勇敢、善良、具有荣誉感和归属感的社会成员，是本阶段家庭情绪情感教育的重点任务。

表 3-1　　　　　　　　　社会—情感学习技能

自我觉知	7. 根据反馈改进行为
1. 识别并说出自己的情绪	8. 调动积极的动机
2. 了解如此感受的原因和情形	9. 激发希望和乐观主义
3. 识别并说出别人的情绪	10. 努力达到最佳工作状态
4. 识别自己、学校、家庭和支持网络的长处，并调动对它们的积极感受	决策
5. 知道自己的需要和价值	1. 敏锐地分析情况并明确地找出问题
6. 准确地感知自己	2. 应用社会决策和问题解决的技能
7. 相信个人效能	3. 对人际困难以问题解决的方式做出建设性的反应
8. 具有精神信仰感	4. 开展自我评估和反省
社会觉知	5. 对自己的行为举止负有个人、道德和伦理的责任心
1. 欣赏多样性	关系处理
2. 尊重别人	1. 管理关系中的情绪，协调不同的感受和观点
3. 仔细准确地聆听	2. 显示对社会—情感线索的敏感性
4. 增进对别人情感的同理心和敏感性	3. 有效地表达情绪
5. 理解别人的看法、观点和感受	4. 清晰地交流
自我管理	5. 吸引别人进行社交
1. 言语表达及应对焦虑、愤怒和抑郁	6. 建立关系
2. 控制冲动、攻击、自毁、反社会行为	7. 协力工作
3. 管理个人和人际应激	8. 展示自信心、领导能力，以及说服力
4. 集中注意于手头的任务	9. 处理冲突、协商、回绝
5. 树立短期及长期目标	10. 提供、寻求帮助
6. 慎重和详尽地计划	

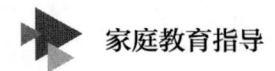

一、情绪情感发展特征及规律

8岁开始，孩子结束了小学低年级生活，进入了一个全新的发展阶段，生活任务、学业负担和考核加重并且更加复杂。此时，孩子逐渐理解和适应了自己和外部世界的一些规律，绝大多数孩子对情绪的表现与处理，已经从简单的替代、忽视策略，转向了调节事件带来的情绪强度策略。对复杂情绪的理解更加深入，具备了形成自己专属调整策略的能力，但有些策略明显还需要获得成年人的帮助与支持，才能发展得更符合社会规范的要求。

8~13岁，孩子逐渐能够阐明目标，不论长期还是短期，但要他们改变行动，使其与达到这些目标相一致，往往就会遇到困难。在有限条件下，一个人能做什么和在实际情境中一个人会做什么，两者之间在这个年龄段，往往存在着很大的差异。家长经常困惑，孩子怎么就说话不算数呢，还反复重演，打他都解决不了问题。每次孩子决心和改进愿望的表达，都是满含真诚的，但由于此阶段孩子能力发展的限制，他们无法说到做到，这并不是孩子缺乏信用，欺骗家长，也不是态度不端正，或者更为恶劣的品行问题，仅仅是因为能力发展不足。

1. 情绪情感发展策略

在前一个阶段，孩子具备了情绪识别、表达与调控的基本能力。在8~13岁需要掌握更为高级的调控情绪策略，从寻求安慰、替代、认知重建策略发展为调节事件强度，开始理解复合情绪，帮助别人开心等高级策略。此阶段，孩子自我意识的高速发展，以及认知水平、第二性征发育等因素混杂在一起，对情绪情感发展水平判断带来不利影响。

有些家长对于情绪情感调控的理解与操作能力不高，这是由于他们在自身成长过程中，缺乏面对负面情绪调整的锻炼，如拒绝障碍、面子等复杂社会人际压力，影响着这一代家长的情绪状态。在家长对自己负面情绪束手无策的状态下，对孩子开展科学而有效的情绪教育，效果可想而知。

掌握更高级别情绪情感调控策略，必须建立在情绪调控单项基本技能之上，如果家长评估在这些基本技能上孩子们还有所欠缺，就必须回到前一个情绪情感调控阶段，找到对应的操作策略，并尽快实施，以免由于基础情绪调控能力发展不足造成的孩子本阶段高级策略获取困难。

成人的情绪调控与孩子情绪策略发展阶段不同，但成人的示范和引导作用很重要。成人在日常教育中应尽量避免"成年任性"事件的发生。"成年任性"指成人用自己年龄阶段的能力水平来要求孩子，并认为孩子可以做到感同身受。

例如，家长会说"你怎么就不能理解爸爸妈妈的辛苦呢？""你怎么就不知道珍惜？""你怎么就不能听话一些？"，这些表达中都有一个假设：即孩子在8岁应该理解成人30～40岁的压力与生活状态。这些话说明成年教育者对孩子发展知识的匮乏。

2. 脑发育成熟对情绪情感发展的作用

8～13岁的孩子大脑发育越发成熟，此时，他们的行为和表现显得更加稳定，大吵大闹和不合时宜的纠缠逐渐减少，这些都与前额叶的成熟有关。前额叶负责计划、调节和控制人的心理活动，对人的高级的、目的性的行为有重要作用。这些调节和控制心理活动的功能越来越成熟，使孩子显得"长大了"成为可能。但由于杏仁核的发育成熟度明显高于前额叶，为随之而来的青春期反叛提供了脑生理基础，这一点在后续13～18岁生理发展中重点讨论。

大脑和神经系统发育成熟，是一切人类行为的生理基础，情绪情感也包括在内。近阶段脑神经研究中的一些结论也为理解孩子的发展提供了科学证明。孩子的冲动、反叛等一系列行为，缘于大脑区域发展成熟不同步，并不是孩子与成年教育者作对。

二、情绪情感发展相关知识

《中国国民心理健康发展报告（2019—2022）》指出，小学阶段的抑郁检出率约一成，其中重度抑郁率检出率为1.9%～3.3%。抑郁属于情绪情感障碍，是一种疾病，但抑郁状态和一过性抑郁，可能每一个人都有不同程度的体验，负面的情绪并不一定以疾病形式存在。当孩子本应充满欢笑的脸庞失去了笑容，并持续体验到各种指责、批评，生活中经历更多的争吵与冲突，必然提高孩子们情绪情感健康发展的难度，更严重的可以直接导致抑郁、焦虑、恐怖等症状持续，最终达到疾病诊断标准。8～13岁阶段，伴随孩子认知水平不断提高，对外界各类情绪信息也越发敏感，尤其在归属感、道德感、荣誉感等社会性情感逐渐建立的阶段，他们内心充满了各种疑虑和不安，又缺乏情感上的支持。由此，注重孩子情绪情感健康是当下社会教育中，需要成人科学理解的内容。

1. 社会性情感发展

8～13岁孩子的社会性情感发展水平、生活任务变化、生理发展到达青春期阶段、家庭情绪教育水平共同决定了情感行为和发展水平评价的复杂性。

持续的积极情绪情感体验，有利于孩子形成社会赞许的情感发展，包括正直、荣誉感、乐观、利他、道德感、荣誉感等，亲社会性情感和行为成为主要表现。与此同

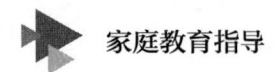

时，各位家长喜闻乐见的社会交往能力、能言善道的表现，也在这个年龄阶段养成。

此阶段遇到发展困惑的孩子，包括学习障碍、语言障碍，有轻度精神发育迟缓、神经性障碍，以及有听力损失的孩子，往往在社会和交流能力领域有着相关的困难。他们更可能在有效地理解别人的社会线索、处理挫折及其他高强度情感方面显得困难重重。

对有情绪困扰的学生群体来说，技能缺乏（掌握社交技能）和表现缺乏（缺乏使用已经具备的技能的动力）的差别变得尤其明显。许多学生把先前社交情境中的消极结果纳入了继续性的预期和基于这种预期的消极的自我表象，从而形成自己持续的社会性情绪消极的表象。在日常生活中总能看到一刻不停地呈现出消极言语和行为的学生，究其原因，还是技能缺乏与表现缺乏。

各类有障碍的学生在情感交往的非言语方面表现出缺陷。在运用社会性情感技能上的趋势已经在不同的临床群体中有了研究。例如，抑郁儿童和早期青少年与同年龄组非抑郁同伴相比，在应对消极心境状态时应用认知策略的可能性较少，而更可能在这些情境中用消极行为来应对。所有相关研究都指向于孩子缺乏某一类情绪解读或者启动积极回应与沟通解决问题的动机，而这些要素，都直接或间接对应孩子前期对生活情绪问题的解决经历不足。缺乏来自早期生活中针对情绪情感科学的训练与指导，是最终的答案。

2. 家长心理健康与儿童情绪情感教育

中国科学院心理研究所国民心理健康状况研究小组发布的《中国国民心理健康发展报告（2019—2020）》中指出，在我国17岁以下儿童和青少年中，约3 000万人受到各种情绪障碍和行为问题的困扰，必须采取综合措施予以干预。根据世界卫生组织预测，到2030年以前，全球儿童心理障碍还会增长50%，将成为致病、致残、致死的主要原因之一。随着社会现代化进程加快，儿童和青少年在周围环境的适应、对人际关系的选择、学习等方面的压力远大于过去。全世界儿童和青少年健康心理疾病发病率在20%左右，我国目前虽然略低于这个水平，但近年来发病率在持续上升。

家长解决和应对家庭情绪冲突事件的行为对孩子掌握负面情绪和冲突的应对能力产生直接的影响。家长重视自己心理健康、情绪健康，对自身心理情绪行为、健康变化的敏感性，辨别、获取有效、科学的心理健康指导，成为家庭情绪情感教育的重点内容之一。

3. 归属感是孩子的重要问题

同龄的孩子都在努力建立处理冲突和解决问题的同时保持友谊的方式。整个青少年期，学生不断通过大量互动获得同伴领导的技能。此阶段的同伴交往伴随着对大众趋势极大的敏感性，这里也可以解释家长面对电子产品复杂的内心感受。不让孩子玩，担心他们很可能与同伴没有共同话题；让孩子玩，又担心他们控制不好。家长忽略了此时孩子也在伴随着日益发展的内省思考性，以及分辨好朋友与坏朋友的能力发展，孩子会有自己的判断。随着年龄不断增长，迫切要发展一个稳定的在同一感及一组长期发展目标的大前提下的，各种发展着的社会和情感技能之间的逐渐增强的整合。这种整合的顺利程度，决定了孩子社会适应能力的发展，直接决定孩子融入社会时的顺畅程度。

三、情绪情感发展提升

生活中孩子表现出的情绪与行为问题，都是家长们关注的重点问题。

每个家长都希望自己的孩子具备社会适应能力，并且被社会各类群体所接受。归属感、荣誉感和正直、善良等积极品质，是本阶段孩子发展的重点。孩子社会性情感发展不足，不仅家长担心，更会严重影响孩子自我同一性和人生目标等一系列重要发展任务的顺利执行。为了让孩子的发展不停滞在13岁，家长对本阶段孩子的社会性情感发展要具有正确认识，并应用到日常生活中。"凡是孩子自己可以做的，就让孩子自己做。凡是孩子可以自己想的，就让孩子自己想"是一个基本原则。

1. 丰富生活经历，善用自然惩罚

研究表明，有攻击性问题的儿童，可能会对不明确的非言语线索产生误解，并对别人的行为做出敌对的归因。研究成果明确指出，在日常生活中，为孩子解读非言语线索，如表情、动作和行为中所表达的情绪成分至关重要。

由于生活中的信息纷繁芜杂，孩子在发展中，还没有具备完善的认知能力。最适合孩子的教育是结合实际感受学习，承担日常生活中各类事件的结果。例如，由于孩子任性，不会妥协，不面对自己的错误，带来同班级朋友之间脆弱的友谊"解体"，直接导致自己被冷落。家长敏锐观察到问题，并及时提供分析与支持，绝不"出面包办"，而是分析后鼓励孩子自己面对，就是最好的社会性情感教育。每当自家孩子遇到难堪、疑虑、困惑的时候，就是家长社会性情感教育实施的最佳时机。

每个家庭的孩子都是被关注的重点。他们都在自然状态下成长，家长教育理念和行为的差异，决定孩子是在不断地挫败和面对中成长，还是在"虚假环境"中"自嗨"。这两种成长环境的创造者，都是父母。缺乏科学教育态度的家长，就是孩子成长过程中最大的"障碍"。

2. 社会性情感能力提升

社会性情感是指人在社会中培养出来的与人交往并改善自身行为的感情。它把人的感情分为两类：一是由人自发活动所产生的原始感情，即自私感情；二是不从社会出发的非社会感情，它是产生错误与罪恶的起源。

社会性情感是人离开了原始状态，参与人与人的交往，并形成有道德评价能力的感情。社会性情感通过自我的评价与公正评价者的客观评价，对自己的行为有所分析，形成美与丑、善与恶的标准，使人顾及他人，节制自私感情，发扬仁慈博爱，构成人的完善人性。社会性情感的形成表明人的主观情感与客观现象可以和谐相处。道德感是社会性情感的核心情感之一，主要发挥内心对自己评价的作用。当今社会教育中，核心价值观属于社会性情感的范畴，引导社会个体建立共同目标，构建和谐社会氛围。

围绕家长所关注的内容，让孩子具备融入群体，不被排斥，并且可以积极、有策略地适应外界对自身的要求等，都属于社会性情感范畴。获得外界赞许同时不违背内心体验，也是心理健康的表现之一。

技能缺乏即掌握社交技能或经验不足。任何社会性元素都需要在社会交往中实现并验证，才能符合外部要求，也就是适应了所属群体和社会规则的基础条件。当前社会生活教育中，孩子在开展社会交往活动时，呈现出各种状态，让家长和教育主导者产生焦虑。发生这种情况的原因如下。

（1）孩子间独自游戏活动和交往明显不足，孩子锻炼与同辈交往的机会缺失。解决各类冲突的体验严重不足，导致孩子没有机会与同伴互动。由于缺乏经验，恐惧冲突，而产生社会性退缩的现象，并形成恶性循环，越担心自己处理不了人际关系，越不喜欢参与社会性活动，交往能力就越差，"宅"在家中成为常态。

（2）家庭对孩子时间的掌控空前一致。每天孩子的时间都排满，大多数是各类型的训练、学习内容，孩子没有自主控制时间，决定活动内容的机会。生活长期被家长安排，见到同伴几乎都是短暂的体验，缺乏长时间相处，严重缺乏为了维持互动，不得不采取的妥协、迎合、诱导等人际互动技能锻炼，从而导致交往技能单一，缺乏灵活性。

（3）按照时间规划生活，孩子从没有体验过主动规划的快乐，逐渐降低了主动性。在同伴交往中，由于主动性和灵活性欠缺，即使一群同龄孩子在一起，也是各玩各的，缺少合作与竞争，甚至逃避合作与竞争的出现，因为合作与竞争都会给孩子带来焦虑。

孩子们的游戏主要是对社会各种场景的表演和重现。在游戏中孩子学会人应该勇敢，朋友应该相互支持，遇到困难应该一起克服为了进入社会奠定良好的心理和能力基础。培养适合孩子发展的社会交往能力，此类训练不是从某一个时间开始，而是应该伴随孩子的一生。

表现缺乏即缺乏使用已经具备技能的动力。当一个13岁孩子，完全不顾及家长和社会舆论的反馈，选择在家玩游戏而不去上学的时候，家长的焦虑程度达到高峰。中国科学院心理研究所"城镇化过程中儿童积极行为塑造模型（PBCCI）及其应用研究"课题结论显示，儿童早期行为表现的不足，由对应能力发展不足导致。伴随年龄增长，行为和表现问题更多受到意愿的影响。孩子更多呈现出"我不愿意"而不是"我做不到"。缺乏学习和社会交往动机，成为当下教育面对的最大难题之一。8~13岁的孩子欠缺的是动力，而不是能力。

每当涉及辍学，家长的反馈必然会大于孩子每天不按时起床、吃饭、自己收拾房间和帮助家里承担家务等话题。辍学行为，仅仅是不做家务的终极表现形式，究其原因都来自"责任"的建立。在日常生活中，当孩子愉悦的情绪与不参与学习相关联，而每次学习又伴随着父母负面的情绪表达时，让孩子热爱学习，几乎成为不可能。不仅是辍学行为，更多恶性冲突的发生也会持续出现。

在孩子看来，生活就是漫无天日的学业，伴随着父母和外界的期待与指责，童年的生活已经失去了色彩。心中充斥"为什么学习？为什么活着？"的疑问。更为可怕的是，许多学生把先前社交情境中的消极结果，纳入了继续性的预期和基于这种预期的消极的自我表象，从而形成自己持续的社会性情绪消极的表象，无法自拔，越陷越深。

四、实际问题分析及解决策略

问题：孩子出现电子产品依赖怎么办？

分析：游戏成瘾是孩子逃避现实困惑的途径之一。他们在游戏中可以体验到日常生活中需要满足的各类情感。可以从孩子迷恋游戏的类型，看出他们在生活中缺乏什么样的情感体验。游戏的跨时空体验、获取便捷、及时激励等特性，充分满足了孩子的内心情感需求，使他们陷入痴迷的状态。

策略：

第一步，孩子和妈妈协商玩游戏。

此时妈妈的回答要注意一个原则，就是要超过孩子提出的要求。如孩子想玩2小时的游戏，妈妈就提供更多的时间给孩子游戏。目的是和孩子建立更好的关系，不能在此时有冲突，要为后续操作奠定基础。

第二步，约定每次玩30分钟就停下来。

停下游戏后，可到阳台或窗边，花10分钟看一下远处的景色，保护眼睛不受伤害。每次一到时间，妈妈就和孩子一起站在阳台或窗边。多数孩子会因为之前"玩的时间增加""妈妈太好了"这两个兴奋感受，答应这个条件。

第三步，妈妈在每次约定时间停止游戏活动。

约定时间一到，妈妈就要温柔而坚决地停止游戏，温柔指的是面带微笑，坚决是绝不妥协，一分钟都不延长。最重要的是训练孩子的自我管理能力，实现自我约束。固定时间的设置蕴含大脑神经兴奋性规律的知识。孩子玩游戏时一般几分钟大脑就进入兴奋状态，在到达约定时间时，大脑仍然在高度兴奋中，突然阻断游戏，神经兴奋缺乏刺激，出现断崖式下降。神经系统通过几次学习后，会判定这个兴奋高度需要调整，从而建立新的模型。这将直接导致孩子对于游戏的依恋明显下降，也就是孩子会逐渐感觉这个游戏不那么好玩了。

总结：此策略仅适合还没有成瘾的 8~13 岁的孩子。当孩子已经表现出欲罢不能的游戏需求，就需要通过结合每个孩子生活状态、家庭教育分工及教育类型等方面的信息进行综合判断，具体确定改进规划。建议家长不要粗暴干预，造成更严重的亲子冲突。游戏成瘾早期，让孩子通过上述设定，掌握自我调控的能力，此阶段的放纵，必然带来后续更猛烈的家庭教育冲突，尽早提升孩子的自控能力，有利于下一个发展阶段"青春期"教育的开展。我们阻止不了孩子使用电子产品，只能提高孩子的自我控制能力。

学习单元 4

社会适应

学龄期的孩子充分体验了多姿多彩的情绪及社会生活,他们发展出更加现实的自我概念,习得更多能力,更加独立和自信,更能控制情绪。通过与同伴的交往和比较,他们完善了自尊,形成了独特的处事态度和价值观,在道德感与行为的冲突中成长起来。当然,家庭的教养方式很大地影响了孩子情绪体验的发展,被良好引导的孩子具备了强大的复原能力,在对抗压力的情境中也变得更加强大,具有更好的社会适应能力。

这个阶段的家庭指导,要求在孩子自尊发展、合作能力、情绪体验和道德观形成方面为孩子提供多样化的学习机会,帮助他们形成积极健康的情绪表达和处理能力,在任何社交场合都能够如鱼得水,轻松面对不同的困难。

一、社会适应发展特征及规律

1. 自我意识的发展

小学阶段孩子的自我概念,即个人心目中对自己的印象会在8~11岁出现转折,可以通过孩子的自我描述体现,描述从比较具体的外部特征(如姓名、性别、年龄、家庭地址等)变为抽象的心理术语(如爱好、情绪、人际关系、对学习的态度、个性品质等)。

自我评价发展方面，小学阶段的孩子开始用道德原则来评价自己或他人的行为。9岁左右从注重行为的效果过渡到注重行为的动机；从注重行为直接后果过渡到注重行为或后果的性质，形成"人比物重要"的概念。逐渐不再过于依赖他人的评价，能够独立评价自我和他人，并且评价有了一定的批判性，评价别人的能力高于评价自己的能力。

孩子自我体验随着感知觉发展的完善而更加充分，道德标准的形成与自我评价伴随着情绪的体验。当被正面评价的时候会有正向的情绪体验，如喜悦、欣慰和自豪，当被负面评价时，就会体验到难过、沮丧、痛苦等负面情绪。自我意识的发展将影响社交能力的发展。

2. 道德的发展

小学阶段是形成人生观和价值观、培养良好的道德品质的重要时期。依据皮亚杰的道德认知发展理论，童年期的儿童进入自律道德阶段，认识到规则是可以改变的，开始从动机而非后果来判断行为。孩子的道德认知、道德情感和道德行为在小学阶段的发展特点如下。

我国小学生的道德认知发展一般介于7~9岁，从直观具体、比较肤浅的认知逐步过渡到比较抽象、本质的认识。道德情感的发展主要是基于在道德情境中有直觉的、与形象相联系的道德情感体验，抽象的与道德信念相联系的情感体验也会伴随着有所发展，孩子从爱妈妈，到爱家，再到爱国家。实现社会主义核心价值观，需要从小学阶段入手，通过社会性情感体验，构建价值观，塑造道德行为。

童年期儿童的道德意志与行为方面，年龄越小，道德言行一致性越强。随着年龄增长，道德行为复杂性提高，言行不一致的现象开始出现。年龄小的儿童行为比较简单和外露，会直接表达内心想法，大龄的孩子行为具有掩饰性，不一定表现真实的想法。如有些孩子在学校表现很积极，回家却不愿意做事。

这个阶段的孩子处在理想自我与现实自我的冲突边缘。一方面在有了道德认知以后充满社会正义感，寻求公平，另一方面道德意识还比较模糊，道德意志还比较薄弱，较大概率出现说到做不到的情况。

3. 责任感的建立

埃里克森的理论中提到了成人的期望与儿童掌控环境动机的结合，带来孩子在小学期间的一个心理冲突，就是勤奋对自卑。如果掌握了足够有用的能力并成功地完成任务，这对矛盾就能顺利解决。无论在家庭还是在学校，在经历了正向体验后会发现自己和别人的优势，了解劳动分工的重要性，并形成道德自觉性和责任感。但是如果总是在体验失败，又没有人引导孩子重拾信心，这种自我缺陷感就会产生并影响一生。

二、社会适应发展相关知识

8~13岁的孩子同伴互动成为越来越重要的发展环境因素。同伴交往经历影响了观点采纳，以及对自己和他人的理解水平，这些能力的发展也反过来促进同伴交往。孩子的认知和言语发展，帮助他们运用有效的思维和口才来说服他人解决冲突，在一次次地与同伴的互动中学会了分享、帮助和其他亲社会行为，提升了社交能力。

1. 同伴接纳

同伴接纳是指孩子被团体视为一个有价值的社交伙伴的程度，包括四种：受欢迎、被拒绝、有争议和被忽视。小学阶段孩子非常渴望融入同伴团体中。他们有时候会组成自己的团体，并且有自己的规则和仪式，有些甚至还会有一些特定的服装。这个阶段的孩子穿着打扮寻求同伴认同的倾向越来越强，青春期达到最高峰。对于打扮是否流行的学龄期焦虑，在青春期之前只会增加，不会减少。家长在这个阶段要让孩子有安全感，有自我价值以及被接纳感，因为唯有如此，才能够帮助孩子建立自信与自尊，才能够帮助他们抵挡不当的同龄压力，拒绝攀比、霸凌等。家长也应该尊重孩子对于同伴接纳的焦虑，也不要过度强调物品的价值，以帮助孩子对物质建立适当的观点，将注意力放在重视他人的人格特质，而不是昂贵的玩具或衣服上，以加强孩子的个人特质。

2. 亲社会行为

8~13岁的孩子变得很有同情心，表现出亲社会行为。他们倾向于在社交行为中表现恰当，消极情绪少，同时在问题的应付上更有建设性。如果家长理解孩子的苦恼，并且帮助处理引起苦恼的原因，就可以培养孩子的同情心，促进亲社会行为和社交技能的发展。如果家长对孩子表现出不赞成或惩罚的反应，孩子生气、害怕等情绪很可能会变得强烈，并且可能影响其社会适应能力，或者孩子很可能隐藏这些消极情绪，或被这些负面情绪影响而变得更焦虑，随着进入青春早期。家长对孩子消极情绪的不容忍，有可能会增加亲子间冲突的发生。

三、社会适应提升

8~13岁的孩子经常面临家长越发不理解自己的境地，会有很多孩子通过电子产品来满足自己需要被认同以及有成就感的需求，然而这会让亲子关系更加淡漠。如果成长的环境缺乏良好的示范，孩子也只能学习到不恰当的社交行为，带来长期不良的影响。

1. 获得学龄晚期孩子的信任和尊重

8~13岁的孩子可以是令人相当愉快的聊天对象，他们会聚精会神地听成人说话，并且做出适当的回应，如果有成人愿意听他们说话，并用公平与尊重的态度对待他们，他们就会和那些成人建立起成熟、忠诚的情感链接。学龄晚期的孩子特别不喜欢成人用命令的语气或"上对下"的态度跟他们说话。这个时期的学校生活有很多新的压力，家长也认为8~13岁的孩子开始肩负更大的责任，包括学业和他们自己的行为孩子会希望家长能够有一个开放的心胸，而不是批判的态度来倾听他们心中的想法，并在乎他们的感受。

2. 制定与电子产品有关的规则

小学阶段，许多孩子都有自己的手机、电子手表等高科技的电子产品。他们可以通过这些产品打电话、写作业、用社交媒体和朋友聊天。很多孩子还大量地看电视、看手机等。但不是所有的电子产品都适合孩子使用，家长需要在电子产品和社交生活、家庭、学校和睡眠之间寻找到一个平衡点。一些儿童健康中心强烈建议，孩子对于计算机和电视的使用时间，要从早期严格控制，电视要远离孩子的房间。一直在看电视或用手机会容易导致用眼疲劳、肥胖、睡眠不良、学业成绩下降和家庭有效互动缺乏。

家长应该关注孩子听的音乐、喜欢的歌词，要判断孩子喜欢的东西是否和想要的价值观一致。家长应该在必要的时候说"不"，为孩子设立底线，以帮助他们逐渐形成良好的生活习惯。首先，家长要让孩子明白清晰的期望和规则，让孩子明白哪些是家长允许的，是合适的，而哪些是孩子还不适合去接触的，让孩子明确了解家长的期望和规则。其次，在计算机上使用加密或防色情软件，净化孩子的上网环境。在电子产品的应用软件中进行设置，屏蔽不想让孩子接触的内容。最后，每天和孩子交流，及时沟通才能知道他们看了什么、听了什么，以便预防。

四、实际问题分析及解决策略

问题： 11岁的哥哥在家很没有责任感，从不参与任何家务劳动。

分析： 埃里克森所说的勤奋感，包括小学时期各方面的进步、积极而现实的自我概念、对成就的自豪感、道德责任感，以及与同龄人的合作。

自我意识发展和社会关系在学龄期的变化会对孩子造成深远的影响。小学时期的勤奋感来自对有用技能和各种任务的掌控。有计划、有目的地让孩子参与家庭事件从长远来看对儿童发展是很有帮助的。

策略：

第一步，让孩子参与简单但是每天都必须做的事情。

开始要辅助孩子完成，随着孩子越来越独立，就要让他们独立完成，并及时给予肯定。如果孩子自发开始独立做了，要特别给予肯定。

第二步，让孩子多尝试与家人合作才能完成的家务。

如一起搬东西，一起买好东西回来后归置物品，并及时肯定孩子和大人的合作性。如果孩子主动提出要帮忙，要及时给孩子机会，并肯定孩子的行为。

第三步，创造机会让孩子能够与同龄人合作。

如与兄弟姐妹合作，及时肯定孩子。如果孩子主动提出帮忙，就要特别给予肯定。

总结： 孩子的合作能力都是需要练习的，而家庭能够为孩子提供一个良好的合作环境，家长需要信任孩子的能力，适当地给孩子合作的任务，让孩子逐渐提高合作能力并习惯协同。

学习单元 5

认知发展

8~13岁的孩子感知觉能力继续在发展，专注力也随着感知觉发展的完善而形成新的特点，伴随着玩耍能力、想象力、记忆力和言语能力的提升，思维发展有了质的飞跃。这个阶段如果能够有丰富的生活阅历、多样化的阅读体验和创造性的学习经历，会对孩子的智力发展和思维拓展起到很大的帮助作用。但是，父母对这个阶段孩子的要求经常被成绩所限制，缺乏符合孩子心理特征的素材，往往事倍功半，既无法全方面提升智力和认知水平，又让孩子从内心里反感学习，把内在的学习动机都打压了，如果孩子没有形成良好的学习习惯，对于发展无疑是雪上加霜。

这个阶段的家庭指导，在认知能力的拓展上，不仅要重视认知发展的优势，还要把良好的学习习惯泛化到不同方面的学习中，促进孩子更全面地发展认知。

一、认知发展特征及规律

1. 感知觉

很多研究表明，8~13岁孩子的视觉、听觉、运动觉等各种感觉继续不断发展。8岁的儿童辨别音调的能力比6岁儿童提高接近1倍，儿童运动觉的精巧性在8~14岁之间可提高50%以上。

在知觉方面，小学阶段的知觉从无意性、情绪性向有意性和目的性方向发展，知觉的分析与综合的水平也在不断提高。幼儿园大班儿童的知觉过程中经常会受到其兴趣或情绪的影响，他们对于过于复杂或不能引起兴趣的事物很难保持长久专注，而小学高年级学生则能够有意识、有目的地重复感知某件复杂或枯燥的事物。按照皮亚杰的研究，这一阶段，孩子从初步、具体地掌握左右方位的相对性，发展到比较概括地、灵活地掌握左右概念。

2. 专注力

低年级小学生的无意专注已充分发展，有意专注逐步形成。在小学期间，有意专注逐渐发展起来，并开始占据主导地位。

专注变得更具有选择性、调节性和计划性。首先，小学生更善于专注与目标有关的刺激，忽略与目标无关的干扰刺激。其次，高年级小学生更能够灵活地根据任务要求调整自己的专注。最后，专注的计划性在小学期间明显提高，显示在孩子更能够全面地浏览、描绘详细的图画和书面材料，并找出其中的相似之处和不同之处，并能够进行适当排序，决定先做什么、再做什么。

8～13岁孩子专注的品质也有一定的发展，具体表现如下。

（1）专注集中的深度增加。从幼儿阶段只能集中专注于具体形象的事物，发展到童年时期能够专注于事物的本质属性和内部联系。

（2）专注的稳定性增强。小学生在一般情况下持续集中专注的时间从7岁的20分钟左右发展到10岁的25分钟左右，再到12岁以上的30分钟左右。

（3）专注广度扩大。从低年级小学生阅读时专注一个字发展到高年级可以阅读整句话，并注意到前后关联的句子。

（4）专注分配能力发展缓慢。研究证明，高年级和低年级的小学生专注力分配能力相差不大。

3. 想象力

低年级小学生的想象力已经十分丰富，但对现实与想象经常混淆，从而出现行为和言语与事实不符的情况，如对某些事件的描述夸大其词，也常常因此被成人错当成"说谎"和"欺骗"而被责备。随着年龄的增长，孩子们能够根据任务进行有目的的想象，如当阅读课文时，能够想象故事作家描述的场面，并用语言表达出自己的想象。从文字表达中也可以看到想象力越发富有创造性。

4. 思维

小学阶段的思维结构从不完善逐渐发展完善。10～11岁时，思维出现了从具体形象性到抽象逻辑性的过渡。然而，具体形象思维到抽象逻辑思维的发展中存在着不平衡性，既表现为个体发展的差异，也表现为思维对象（不同的学科、不同的教材等）的差别。对于熟悉的学科、富有经验的任务，思维中抽象的成分较多，水平较高；而对于不熟悉的学科、缺乏经验的任务，思维中的具体的成分较多。例如，在学习算术时，思维的抽象水平较高，能够脱离具体事物进行抽象思考，但是在学习历史时，思维的具体形象水平就会较高。

5. 记忆力

孩子们在幼儿阶段的无意记忆已经得到了充分的发展，有意记忆出现，但没有完全发展。8～13岁有意记忆的使用数量和质量的发展速度，都要快于无意记忆，其重要性也在不断地提高。

小学期间的机械记忆和意义记忆都在持续发展，记忆效果也都在不断加强，低年级的记忆方法主要是以机械记忆为主，随着年级的升高，开始逐渐转向以意义记忆为主，并且采用意义记忆时的保持量，总是要高于机械记忆时的保持量。

记忆容量随着年龄增长而不断增加，而记忆内容也有所转变。刚入学时主要是具体形象记忆，低年级小学生头脑中存储的信息是以表象为主的，并且表象的概括性差，大多是具体表象。但随着知识不断丰富，以及抽象思维能力不断发展，抽象逻辑记忆便不断发展起来。

随着专注力的提高，记忆策略，即储存和保持信息的有意识心理活动，也有所发展。能力从复述策略，即不断重复信息，到之后的组织策略，即把相关材料加以分组，再到精加工策略，即在两种或几种不同种类的信息之间建立一种关系或者给他意义。孩子每一个阶段的成长，都具有普遍性，众多能力之间相互制约也相互支撑。

每个孩子都有自己的发展轨迹，行为具有特殊性，家长在开展教育的同时，要明确孩子在8～13岁阶段众多发展任务中，总有先后次序，并不是齐头并进，要给孩子一些时间。科学地理解和分析孩子的发展规律，是当前家庭教育中最为重要的信念和策略。

二、认知发展相关知识

孩子在小学阶段，操作记忆、短时记忆和长时记忆都有了很大的发展，这一方面归功于感知觉充分发展，另一方面归功于思维发展带来了更加有效的记忆策略，促进了专注力更好地提升，让认知发展到一个新的高度，为智力的发展奠定基础。

1. 知识储备与记忆发展

小学期间，进入长时记忆的知识初步增加，这些知识的迅速增长有助于孩子使用策略和进行记忆。但是知识并不是策略性记忆加工的唯一重要因素。强烈的动机也帮助孩子更快地获取知识，并能主动运用所学的内容增添更多的知识。相反，学习不成功的孩子不懂得如何用先前存储的信息解释新内容，影响了知识面的扩大。到小学末期，知识的增长和记忆策略的使用能够起到相互促进的作用。

2. 思维形式的发展

思维形式是指人们进行思维活动时对特定对象进行反映的基本方式，小学阶段孩子发展的思维形式包括概念、判断和推理。

概念形成的过程是一个主动积极的过程，是不断掌握新概念、不断改造旧概念的过程。小学的概念形成有3个趋势：深刻化、丰富化和系统化。孩子对概念的掌握，从最初只能理解字面意思和表面属性，逐步向理解深层含义和本质属性发展。所掌握的概念范围加大、内容增多，对概念与概念之间的区别与联系的理解加深，也就是掌握概念系统。

判断是指人脑对客观事物的特性或客观事物之间的关系进行分析和综合，对事物做出肯定或否定的认识过程，是推理的基础。孩子判断的发展也有三个趋势：从简单到复杂、从反映事物单一联系到反映事物多方面联系、从反映外部联系到反映内部联系。

元认知这一概念是美国发展心理学家弗拉维尔在1976年提出的。他认为元认知是对认知的认知，即个体对自己的认知过程和结果的意识与控制。当儿童发展出元认知后（大约6岁），就能思考自己思考的过程，并会发展出策略帮助自己管理自我的行为。元认知是随着年龄的增长而不断发展的。在这个过程中，孩子元认知的主动性、全面性、自动化程度均在不断地提高，并且元认知发展是可以通过适当的教育加以促进的，使他们逐步提升认知自我调控，即持续监控目标进程、检查结果，对无效的努力加以修正。孩子对有关记忆策略的意识越强，也就是他们知道的记忆策略越多，他们就会记得越多。如果坚持使用某种策略，他们的策略知识会加强，使元认知与策略运用之间形成双向练习，从而促进自我调控。

三、认知发展提升

认知的发展来源于真实的感知觉体验、专注力的集中、不同种类的记忆力共同作用、想象力的发挥和思维的拓展。很多家长以为认知能力就是各个科目的考试成绩，却忽略了那些真正支撑起好成绩背后的全方位的认知能力的提升。想象力、游戏力和阅读能力都是孩子认知发展的重要能力，需要通过全方位的刺激来提高。

1. 想象力的发展

儿童在学步期就出现了假想游戏的能力，但是还不够完善。到了小学，他们的假想能力拓展成奇特的想象力。小学生的想象力会在很多方面显示出来，写作中，他们会应用拟人和比喻来表达出自己的想象力；科学实验中，他们会尝试各种可能，把毫无关系的事物组合在一起；他们会互相开玩笑，给同学取外号；他们上课无法专心，因为脑海中有奇特的画面。

教师和家长要珍惜和鼓励小学生想象的积极性、奇特性、夸张性和创造性，因为这是孩子心理活跃的体现。家长要多肯定他们的奇思妙想，不墨守成规，不怕尝试失败，另外，还要指导小学生想象力的发展，让他们进行各种想象的练习和实践。例如，绘画、看图说话、编故事、结合课文内容展开想象等，以此促使想象开花结果。当然，也要防止孩子耽于空想，防止奇特想象可能导致的危险行为。

2. 游戏力的发展

小学阶段，许多孩子已经逐渐失去玩耍的能力，很多家长只想让孩子学习、考试，最好孩子都不要浪费时间玩耍，却不知道游戏的能力能够提升孩子们的认知能力和社交能力。

在认知能力拓展方面，要考虑到孩子的感知觉和专注力的发展。可以让孩子尝试一些有较多视觉刺激的游戏，如爬山过程中让孩子在山上"寻宝"，通过不同的线索去完成任务。也可以让孩子参加集体活动中的合作类智力游戏，在游戏中需要参与者完成属于自己角色的任务，促进整个团队任务的完成。也可以带孩子去完成一些难度较大的手工，如用木头制作一些游戏小物件等。

3. 阅读能力的发展

到了小学阶段，孩子的阅读能力更多体现在充分地运用阅读的技能对信息进行加工和分析，最后内化。阅读需要同时使用好几种技能，调用人的信息加工系统的各个方面。同时，言语发展持续推动了读写能力向常规阅读的过渡。家长一方面要用语音帮助孩子形成语音意识，就是对口语声音的结构做出反应并加以掌控的能力，让孩子对词的声音变化和不正确发音有敏感的反应；另一方面要使用整体语言教孩子多看完整的文本，如故事、诗歌、信件、布告和清单等，让孩子懂得书面语言的交流功能。

四、实际问题分析及解决策略

问题： 如何使小学阶段孩子提升抽象逻辑思维能力？

分析： 小学阶段孩子正在经历智力飞速发展期，智力的发展，离不开教师和家长对孩子的抽象逻辑思维能力的积极培养。很多孩子一直停留在具体形象思维占主导的阶段，有些孩子视觉优势大于听觉优势，很容易依赖视觉进行思考，如有些孩子特别喜欢看漫画，不看文字类的书籍，这很容易出现抽象逻辑思维发展的滞后。

策略：

首先，要积极引导孩子从具体形象思维向抽象逻辑思维过渡。小学阶段孩子思维能力的发展，以一定的、具体的感性认识为基础逐步引向抽象。所以，平时要尽量让孩子体验不同材质的物件，接触各种材料，并进行细致的观察。同时，创造机会引导和启发孩子主动地发展逻辑思维，避免消极等待。

其次，让孩子多尝试不同的思维方法。在互动中，要进行多样化的教学，引导孩子从多方面考虑问题。通过讲解和示范，引导孩子真正理解，培养孩子思维的逻辑性和推理的严密性。

再次，给孩子创造独立思考和解决问题的机会。家长多用具体事例来说明原理，多提启发性的问题来引导孩子思考，不要急于给他们答案，启发他们多"想一想"，并让孩子用多种方法解决同一问题。

最后，提升孩子的口头语言和书面语言的表达能力。儿童思维的发展与言语发展密切联系，让孩子口头语言和书面语言的表达能力更丰富，可以促进孩子思维能力的发展。

总结： 抽象思维能力的发展能够帮助孩子提升学习能力，这种能力需要在小学阶段拓展。成人要帮助孩子从形象思维转向逻辑思维发展，让孩子尝试不同的思维方式，给孩子独立思考和解决问题的机会，并且帮孩子提升口语和书面表达的能力。

学习单元 6

特殊教育

8~13岁特殊儿童选择进入普通学校读书，就是选择了融合教育方式。它既影响着孩子的发展和未来就业方向，也决定着家庭生活与所需要的支持方式。如何让特殊儿童和家长处于有利地位，让他们进得去，留得住，学得好，对大家都是崭新的挑战。

一、融合教育特征及规律

当下每所小学中，都有几名教师认为他们具有特殊行为，而家长认为他们只是某些行为需要修正，还谈不上要享受特殊教育的学生。也因此出现一些家校教育认知冲突，使孩子在校、在家的教育策略很难达成一致，限制了孩子发展的空间，无法在这段时间针对孩子的行为进行有效的干预，错失良机。获得"中华人民共和国残疾人证"的学生并不属于这种情况，因其特殊情况比较明显。而当下最让家长和教师疑惑的是一些行为无法准确界定是否属于"特殊"表现。

孩子是否应享受特殊教育，这个问题的答案并不重要，还要等待诊断和支持技术进一步发展。当下结合孩子的发展，最为重要的是如何家校同心，针对孩子的行为能力进行提升，以满足孩子的发展所需。这个观点要在家长和教师内心达成统一，才能对孩子们形成最好的支持。

1. 普通学校内安置的选择

普通学校内安置中还有两种选择。

（1）普通学校附设特殊教育班级。在普通学校附设的特殊教育班级学习，对不同类型的特殊儿童来说是一个需要斟酌的选择。需要家长在隔离与融合之间做选择，在教育质量之间权衡。

（2）普通班级随班就读。这种安置是家长所期望的，但前提要有完善的支持系统。对于资源中心、资源教室建设，国家在政策、经费上给予了大力扶持。但在有效的支持资源并不充足，以及资源的使用效果等不同情况下，需要家长发挥自身优势，配合孩子所在的学校完善教育支持系统，同时加强自身相关知识的学习，充分了解孩子学习、行为特点，把家庭教育与学校教育紧密结合，给孩子强有力的支持。对于家庭来说，如何获取到专业、有效、全面的支持，是家庭需要评估和努力的方向。

2. 特殊的行为

特殊儿童的一些特殊的动作、表情、声调应被理解和接纳，不能作为玩笑的谈资、取笑的对象。他们可能在学校的方方面面都需要被理解和接纳。日常生活和学习中，孩子的某一个特殊行为，并不是普遍存在于各种场合，不具有一致性，对此类行为家长要特别关注，寻求专业支持。此行为可能与孩子和情景的互动类别有关，并不是病性的行为特点。病性行为表现具有普遍性，不太容易因为情景的变化而产生改变。抓住孩子行为的细节特征，对孩子面对的困难科学分析，才能有效而科学地提供支持。科学而客观地分析孩子这些特殊行为，才能更好地支持他们的发展。

要关注在以下情境中的行为。

教室内：未经老师许可擅自离开教室，集体教学时注意力不集中，离开座位，坐的时候做出各种怪形，发出各种怪声，很难完成个人功课，情绪失控，整理东西困难，对教室里各种活动出现不适表现等。

教室外：坐校车的挑战，拒绝下车；抽离服务场景，转换困难；美术课上，出现触觉防御，寻找感官刺激，精细动作能力弱，把材料弄乱；音乐课上，某种声音、乐器，或突如其来的大声触发情绪行为问题；计算机室里，因常景变化，无法独立做事，坐不住又不会求助，或使用耳机引发的行为问题；在图书馆不会自己选书，发脾气，大声喧哗，在地上扭来扭去，触碰别人等。

体育课和活动时：体育课上，换校服困难，不懂运动、游戏规则，动作不协调，无法适应大班课和规则不断改变的环境，做危险动作，有时因缺乏空间意识用力过猛，过度兴奋无法控制；团体活动中，不会轮流等待，缺乏运动精神，输不起，如掀翻棋盘、把球踢飞、参与骂人；排队时，乱摸乱碰，不注意排队信号，离群，经常上厕所等。

午餐时：吃相邋遢，逃避多人用餐，不会使用餐具等，特殊的沟通方式等。

如果这些问题行为得不到支持，就会严重影响安置效果，安置限制会越来越多。针对这类行为问题，要先判断是否由孩子行为能力发展不足导致，或得到医学明确诊断，只有先明确了孩子行为问题的根源，才有可能科学而有效率地提高孩子的行为能力，以适应生活要求。

二、融合教育相关知识

1. 融合教育要素

融合教育由联合国教科文组织于1994年提出，提倡为特殊儿童提供正常的教育环境，与普遍儿童共同享受教育。融合教育努力构建一个真实的社会生活场景，使用场景中的任务与互动，达到提升孩子适应生活要求的能力，从而更好地发展以适应外部要求。

融合教育的要素见表3-2，从安置、行政、相关服务、课程安排、教师、同伴五个方面对融合教育应有和不应有的要素进行了详细阐述。真正的融合需要多部门合作，是一项系统工程。

表3-2　　　　　　　　　　　融合教育的要素

领域	融合教育应有的要素	融合教育不应有的要素
安置方面	·所有的儿童在相同的学校及班级一起学习，并提供必要的服务及支持 ·承认所有的儿童有独特的需要 ·障碍儿童就近入学 ·安置在适合其年龄的班级 ·在相同的学校教育特殊学生及普通学生	·将学生安置在特殊学校及特殊班 ·将年龄较大的特殊学生安置在年龄较小的班级或不适当的年级 ·实施特殊教育时予以隔离 ·将特殊班安排在校园的边缘
行政方面	·给班级有特殊学生的普通教育教师提供支持 ·学校校长及其他行政人员共同管理	·期待普通教育教师教导特殊学生，却没有提供任何的支持
相关服务方面	·整合相关的服务（如语言治疗、物理治疗、作业治疗等） ·重视父母对孩子未来的梦想及目标 ·以团队的方式（包括父母）规划教育方案并强调创造及积极解决问题的态度	·忽视父母的关心 ·仅将特殊学生安置在普通班级中，但对于所需的支持、服务、需要及参与人员等未加以计划 ·删减特殊教育服务

续表

领域	融合教育应有的要素	融合教育不应有的要素
相关服务方面	·在普通的方案中，提供特殊儿童计划、支持及需要的服务 ·无论所需的服务强度或频率如何，普通学校都应提供 ·专业人员参与协助特殊学生，使其能融合于班级中	
课程安排方面	·所有学生参与学校生活 ·强调合作及合并特殊教育及普通教育资源 ·学生按照不同教育目标一起学习 ·让普通教育教师能接受对不同的学生使用不同的学习方式的理念，并依此引发新的学习策略 ·为特殊学生提供大量参与班级及学校活动的机会 ·安排特殊学生接受社区环境工作训练	·牺牲普通学生的教育去照顾特殊学生 ·所有的学生在相同的时间以相同的方式学习相同的东西 ·忽视每个学生独特的需要 ·另外安排特殊学生的午餐时间及其他活动时间
教师方面	·无条件地接纳 ·在普通教育环境中，当学生需要时以无条件付出的方式提供更多的支持 ·全面参与胜过完全排斥 ·了解学生能做什么及不能做什么 ·在新的合作角色中，教育者应正向看待自身的角色	·否认特殊学生可在普通班级获得服务 ·教师及管理者过分要求，让学生暴露在不必要的危险中 ·将普通教育教师与特殊教育教师分开，加剧了隔离
同伴方面	·教导所有学生了解个体的不同及人的价值 ·鼓励并开展活动使特殊学生与普通学生之间的拉近关系，增进友谊	·对特殊学生及普通学生隔离安排 ·给特殊学生贴上标签，如障碍班或智能不足小孩等 ·将特殊学生安置在普通班前没有任何准备及事前处理

2. 支持系统

支持分为社会支持、自然支持和专业支持。

社会支持指来自理念、法律法规政策的和经费方面的支持。

自然支持指来自特殊儿童自己、家庭、邻里、同学和社区，非正式的、非专业的、低成本的、可持续的支持。

专业支持指来自具有某种学科专业背景的支持。

支持系统指将社会支持、自然支持和专业支持有机配置组合形成的操作系统。应当倡导"以社会支持主导的，优先运用自然支持、专业支持做后援的支持系统"。当前

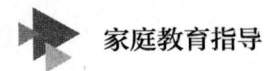

构建完整的支持系统,由于地区资源、家长认知和家庭能力存在较大差异,更多需要家长具有强烈意愿并大力付出,才有可能完成。

3. 家庭支持

家庭支持是指对家庭和家庭成员提供需要的资源与协助,以提升个体和家庭的生活质量。有3层含义。

(1)家庭成员对特殊儿童的支持。特殊儿童是家庭支持的焦点。对特殊儿童的观念影响着家庭对他们支持的方向和方式方法。常见3种看待特殊儿童的观念:"缺陷—补偿"观念,采取病理模式,希望"治好"孩子;"能力—功能"观念,采取康复训练和环境调整思路,改善孩子功能,增强家庭功能;"质量—支持"观念,采用成果导向,对生活有积极的态度,善用各种资源协助孩子尽其所能实现常态化的生活方式和目标。

(2)家庭成员之间的分担、分享和合作。相互支持能缓解家庭成员的消极感受,如挫折、压力、抑郁感,增进积极感受,如满意度和幸福感等,是家庭面对特殊教育的基础条件之一。只有团结各种力量,充分发挥作用,才能持久地保障孩子获得健康发展的基础条件。

(3)通过建立家庭支持网络,有效地改善家庭与外部世界的交流。如与邻里相处和谐,与朋友的交往和沟通机会增进,获得更多的外部资源和支持。

家庭支持的最终目的在于提升特殊儿童及其家庭的生活质量。

三、融合教育效果提升

1. 提高家庭支持的品质

(1)家庭支持的功能

1)情感支持功能。调整家长观念,摒弃对特殊儿童的负面看法,如"家丑不可外扬""前世作孽"的想法。走出"病理缺陷"观念,树立支持理念。应用"生理—心理—社会"的整体观来调整家长的认知结构。

树立家长信心,从树立生活信心,到谋求常态生活,再到建立支持系统。以特殊儿童及家庭生活质量提升为终极成果,构建基于现实的支持系统,把新生活愿景建立在有操作途径的基础上,在调整中谋求常态生活。

要将理智调控下的爱升华为教育的爱,减少过多的"溺爱"与"愧疚"。

2)生活支持功能。特殊儿童需要更长期的生活支持,并要在支持中成长。生活支持大体分为两个阶段,第一个阶段是儿童时期的生活支持,第二个阶段是成人时期的生活支持。

3)经济支持功能。特殊儿童家长要花费正常情况下不必开支的医疗或教育康复的费用,有的是终生的。有规划地针对某一项能力提升,持续提高某一类行为能力,可能是一个效率较高的策略。

4)代言支持功能。家长为特殊儿童表达需要和诉求。随着孩子成长,他们有了自己的表达,家长成为孩子利益和权利的倡导者或维护者。这种代言不同于包办,主要是进入新的环境或者出现新的发展任务,家长针对环境支持因素进行系统性的沟通,而不是在日常生活中事无巨细地包办代替。

5)融合支持功能。家庭是特殊儿童融入社会的基础。家长在孩子的成长中带着他们与邻里交往,与同伴交往,与同学交往,带孩子逐渐融入社会。

6)转衔支持功能。在特殊儿童各个转折期中,特殊儿童本人要发生改变,家庭也要调整,家庭是这些转折的起点和终点。当孩子感觉到失去家庭支持时,要使其得到外部的支持与帮助,降低由此而产生的焦虑感,更专注地应对新任务、新环境带来的挑战。

(2)家庭支持的内容

1)支持性生活。以特殊儿童及家庭常态化生活为目标。支持性生活有3个发展层次:第一,特殊儿童应成为自理的人,能够自我照顾,负责个人清洁卫生,有良好的生活习惯,成为"好照顾";第二,特殊儿童应成为家庭中有用的人,承担必要的家务,成为"好家人";第三,特殊儿童应成为好交往的人,活动范围扩大到邻里、社区,力所能及地提供帮助,成为"好帮手"。

2)支持性教育。以实现持续性融合教育为目标。第一,家长参与拟订个别化教育计划,在拟订个别化教育计划中,家长是孩子的重要代言人,对确定教育重点和教学目标有重要意义。第二,家长参与实施个别化教育计划,便于把适合在家庭和社区实施的教学目标纳入家庭教育和家庭支持,分别在家庭和社区生活中提供指导和支持。第三,家长参与个别化教育计划实施的监督与成效评估。

3)支持性就业。以按比例实现常态化环境中就业,成为"好公民"为目标。在每天有规律的生活中做到守时,学习乘坐公共交通工具,在协助下找到、理解应对环境要求的方法和路径,构建就业的技能及支持体系。家长应当积极寻求各级政府主管部门帮助,通过申请路径,获取更多的就业支持资源,推动实现支持性就业的目标。

2. 融合教育系统

目前融合教育主体在普通学校,骨干在特殊教育学校,按特殊教育发展体系指导工作。以福建省为例，到2022年，全省有特殊教育学校78所，其中自闭症（孤独症）学校1所，独立幼儿园4所，20万人口以上县（市、区）特殊教育学校基本实现布点全覆盖，所有市、县均成立特殊教育资源中心。全省随班就读学校共建有321个特殊教育资源教室，为普通学校有效开展融合教育提高有力支撑。每个地区都会依据自身规划，进行相应设计。家长在国家统一要求之下，寻求本地区特殊教育支撑系统的支持，是国家赋予的权利，也可以找到相关的专业机构，更好地使用社会资源帮助孩子构建良好成长环境。在此基础上还需要进一步抓融合教育的质量，让特殊儿童不仅"有学上"，还要"上好学"。

四、实际问题分析及解决策略

问题： 孩子在学校的一天里，多次要求上洗手间。

分析： 有的孤独症谱系障碍孩子将洗手间作为自己从感觉刺激过度里舒缓过来的工具，他们通过感觉水流过手指来缓解紧张情绪，或者以此逃避上课或困难的任务。与洗手间相关的不当行为还包括长时间待在里面不出来，冲马桶时捂耳朵，从隔间低下头偷看，上洗手间前脱衣服或拒绝上洗手间等。洗手间可能是他们远离喧嚣的安全避风港，也可能是满足某种刺激、逃避任务的场所。

策略：

（1）看看孩子是否生病了，疾病有可能使他需要比其他人多用几次洗手间。

（2）制定一个策略和日程表识别孩子是否通过上洗手间逃避学习或其他不想做的事。

（3）帮助孩子识别使用洗手间的私密要求和社交规则。

（4）允许孩子有单独或人少时上洗手间的特殊待遇，帮助他减少在视、听、触觉上受到的刺激。

（5）让孩子使用小一些的洗手间，如职工洗手间或护士站内设的洗手间。

总结： 孩子的行为也是一种表达，仔细观察、记录其行为规律，了解背后的原因，才能有的放矢地干预，提高其对环境的适应性。

培训任务 4

13～18 岁青少年家庭教育

此阶段孩子处在家庭、两性观萌芽期。

进入青春期后,对两性关系探索与情感需求的理解,经过不断地试错,逐渐形成稳定的互动模型,贯穿在自己今后的家庭生活中。社会属性的发展对青春期的孩子行为影响巨大,各种人际互动关系以及因此而萌生对社会行为的判断,不断优化组合,被认可和顺应之后,逐渐融入孩子的观念中,逐渐稳定持续发挥效用。

青春期是人生全盛时期,朝气蓬勃,充满力量,也是生理、心理和社会属性发展的最关键时期,充满了生命发展的力量。也由于这种发展能量的充足,反叛行为频发,主要表达的是自我意识的完善与创造性不可抑制的特征。

缺乏青春期反叛的人类社会就没有发展的动力,社会快速发展加大了成人与孩子们成长环境的差异,导致代际认知冲突加剧。反叛行为的猛烈程度与父母、亲子沟通质量存在关联,甚至决定了这种反叛的最终结局。

学习单元 1

生理发展

此阶段是一生中发展最为猛烈的一个时期，也是成长中孩子最纠结的一个时期。反叛行为貌似针对家长教育主控权的争夺，实质是所有内部矛盾的外化形式。

此时，大脑体积达到与成年人相同程度。与此同时，脑部区域功能性发展的不均衡仍然存在，各种功能性发展依然延续，并保持高度的敏感性，为青春期爆发性反叛行为奠定了生理学基础。内分泌系统出现异样，腺体规则出现"紊乱"，5-羟色胺、肾上腺素、褪黑素等分泌出现波动，直接影响青春期阶段孩子行为规律的稳定性。伴随性激素发展，性成熟带来新考验，外形（第二性征）、器官（心肺等）的变化，制造出孩子各种内心的新型焦虑，伴随成长的兴奋，也带着恐慌和不知所措。

青春期的孩子滞留在生理快速成熟与心理发育相对迟滞，自我意识的强大与内心无助的内部纠结状态之中。所处的家庭环境是否具有支持作用，是否有稳定的好友排忧解难在这个时期尤为重要。混乱而缺乏支持是青春期孩子的主流状态，并形成恶性循环。青春期的孩子相当一部分生活在缺乏理解与友好氛围的环境中，内心充满焦虑。

一、生理发展特征及规律

13~18岁是人生最美好的时期之一，无忧无虑中暗流涌动，充满了美好与生长的能量。父母以及其他成人具备科学理解孩子行为的能力，成为这一阶段最重要的外部支持条件。

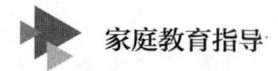

1. 脑和神经系统发展规律

有神经科学家认为：大脑有自己的"发育时间表"，人类大脑的成熟是一个缓慢、循序渐进的过程，全面发育成熟要到30多岁左右。研究认为，18岁时人的大脑仍在经历巨大变化，20岁之后也非常容易受精神障碍的影响。这些脑和神经发展的基本规律，决定了在13~18岁，乃至在后续一段较长时间中，孩子会处在一个成长困惑的危险状态中，需要全社会关注，提供适宜发展的教育环境。

13~18岁，大脑和神经系统基本成熟。从脑容量、体积、重量等指标来衡量，某些指标如大脑皮层下（控制身体功能和基本行为）的灰质体积在14岁半达到峰值，与成年个体几乎没有差异。而神经系统髓鞘化进入到最后一个爆发性发育时期，随后逐步步入成熟。

此时，孩子已经同成人一样，具有了分析和思考能力，自我意识达到新的高度。不断出现的冲突，大多缘于不成熟的观点表达与对自己观点的坚持。此时孩子的主张，更多结合了社会发展中真实存在的事件，而不仅仅是凭空想象，孩子由此更加坚信自己的判断，缺乏经验带来的深层次的反思修正。作为教育主导者，成人对这些缺乏理性思考的"幼稚"表达，如何处理与应对，构成了解决亲子沟通冲突的核心要素。提高沟通能力水平是13~18岁孩子教育的核心难点。"怎么和孩子交流？怎么做才能让孩子听话？"成为家长和教师的诉求重点。

2. 大脑各区域成熟的时间差异为青春期反叛提供了生理基础支持

脑科学研究表明，青春期反叛行为的根源是各脑部区域发展次序的先后差异。大脑缓慢成熟过程中，各脑部区域功能上的成熟存在时间差异。这期间，大脑与外部环境刺激充分互动，最终形成生理发育和应用功能成熟上的统一。

13~18岁孩子的冒险、冲动行为，是由于杏仁核（负责冒险与逃跑功能）在这个时期快速发育，而前额叶（负责评估、规划、判断行为的功能）成熟较晚。各脑部区域成熟顺序受到物种进化节奏的约束，不会出现较大变化。而脑成熟必需的外部环境刺激，个体差异较大。生活经历的差异，最终塑造了孩子的个性特征，在大脑内部结构上，也出现优势脑差异，并持续影响一生。

3. 性成熟影响

性成熟的年龄在不同地区、不同种族、不同性别或不同个体之间都存在一定的差异。很多因素都能影响性成熟，如遗传因素、气候条件、营养状况、体育锻炼等。

性成熟过程开始和结束的年龄存在很大的个体差异，普遍而言，女性在8~12岁开始发生变化，而男性比女性晚2年左右。女性性成熟的标志是第一次月经来潮，男性性成熟的标志是首次射精（通常表现为遗精）。性成熟年龄是个体出现性成熟标志的年龄。在过去的100年里，各个国家中青少年进入发育期和达到性成熟的年龄都有所提前。中国女性的平均性成熟年龄为11~14岁，男性的平均性成熟年龄为12~15岁。

性成熟对于13~18岁这个阶段的影响，不仅仅在于生理成熟水平上，更多在于性成熟使孩子的关注点和探索世界意愿发生变化，以及家长"性恐惧"观念带来的间接影响。这些因素混杂在一起，形成成长环境的共同特征，如果缺乏科学引导与支持，必然错失最佳教育时机。

二、生理发展相关知识

孩子的发育成熟是一个近20年的过程，过程中每天所体验到的生活真实感受，推动着孩子的发展步伐。这些真实的体验与生理发育互相制约与促进，最终造就了不同的、全新的社会成员。

1. 青春期反叛行为与生理发展分析

从生理外观和功能上，孩子第一次发觉自己与父母没有差异，自身独立意愿的表达和掌控自己生活的需求明显增强。从发展视角评价，反叛是孩子长大成人的标志，是社会进步的动力来源。从家庭教育实操上，每一位家长要先改变自己的意识，提高青春期教育对应的知识储备，才能解读清晰孩子反叛的缘由，从而为孩子的成长提供有效的支持。

2. 生理、心理和社会发展为青春期反叛提供了基础

脑部区域发展的先后次序决定了孩子行为表现具有规律性，不仅仅性成熟提前了，其他生理发展也不同程度出现前置倾向。与此同时，由于生理成熟的提前，对应心理能力的发展就显得相对滞后，加剧了青春期阶段孩子在生理与心理发展差距逐步拉大的趋势下，内在不平衡的发展压力倍增，集中呈现在这一时期的反叛行为表现之中。

生理和心理特质发展离不开外部环境变化的影响。在信息时代，城镇化发展对教育环境的影响，远远超出教育理念和研究的视野范畴，对当前青春期教育和家庭教育带来新的挑战。生理、心理和环境三大因素共同作用，形成了社会高度关注青春期教育的现状。

青春期反叛行为的目标群体是家长和教师。

大部分青春期反叛行为都有较为固定的目标指向，在家庭中，更多指向父母，更早的反叛发生在与爷爷、奶奶的互动之中。这些反叛指向说明了反叛行为的目的是表

达自我意愿和对掌控性体验的需要。针对父母和教师，就是针对"权威"。从行为上表达出自己具备了独立性，完全可以摆脱长期以来的"束缚"。与此同时，多数具有反叛行为的孩子对于平等的其他交往群体，表现得"儒雅而有礼貌，通情达理"，在同学家长心中都是"别人家的孩子"，懂礼貌、有规矩是比较普遍的反馈信息，也因此导致父母对自己孩子的表现更加困惑。

这一切都在验证，青春期反叛行为具有明确目标，并且此阶段的反叛行为不能说明缺乏社会规则意识，以及对社会规则的藐视，此时的反叛并不一定是社会属性发展不足。

3. 负面情绪的积累与亲子关系质量决定反叛强度

青春期家庭教育中，家长作为最重要的教育参与者，自身科学的教育态度和理念，成为青春期教育成功与否的核心指标。由于中国文化倡导儒雅、中庸、无为。每个家长对此都有自己的理解。家长早期成长经历以及进入社会后由于顾及面子、尊严，对负面情绪的处理策略，更多采用"不计较"的态度，这些都是在具备社会阅历和经验教训之后的正常交往策略。由于孩子没有相关经验，导致他们不能理解，并认为父母"虚伪"。目前，在教育下一代应对负面情绪方面，普遍缺乏科学的理念建立，欠缺教育策略指导，直接导致孩子面对负面情绪束手无策。负面情绪能量的积攒，每到达一定程度，都必然出现一次释放，主要表现可以是：大体能消耗（高强度运动）、愉快的情绪体验、高成就体验或者情绪爆发。

青春期阶段，每天都有各种形式的"冲突"。早期家庭内部冲突，仅停留在日常沟通过程中，尤其是父母与孩子交流学业，沟通的质量以及双方的行为反应，就是反叛的表达。进入下一个阶段，孩子更多呈现的是拒绝沟通的势头。父母的任何交流，得到的可能仅仅是一个"嗯"或"知道了"，让家长不知所措。最后一个阶段，亲子的互动恶化，过程中言语冲突频发，父母缺乏对孩子行为意愿的了解，处于信息割裂的状态下。亲子沟通一旦进入到最后一个阶段，往往会出现短暂性的"请假不上学""学习成绩下降"等学业具体表现。此阶段的亲子冲突也会表现得比较激烈，家长多数处在情绪低落状态下，烦躁情绪会使关系持续恶化。

三、生理发展提升

运动有益于孩子的健康，是促进生理发展的良策、良药，形成良好的运动习惯，对于这一时期的健康发展意义，远大于前几个时期。

1. 良好的体育运动习惯有效缓解反叛行为发生

快速成熟蕴含着生长的能量，当这股能量缺乏出口的时候，势必增加了反叛行为发生的概率。不同的体育运动，会促进激素水平的发展，对身体健康和发育产生积极影响。群体性的体育运动，不仅能强身健体，还能提高社会交往能力，扩展人际社交圈层，甚至对规则、自信等心理特质的建立，也具有深远的影响。早期建立稳定而持续的锻炼习惯，有利于顺利度过青春期阶段。

2. 睡眠和生活规律对青春期反叛的影响

13～18岁阶段，由于松果腺分泌褪黑素的时间晚于成年个体约2小时，孩子在这个阶段出现晚上不困，早上不起的行为表现。生理上腺体分泌规律变化，直接影响了青春期阶段的行为表现。家长由于缺乏此类知识，仅仅从行为和态度上来评价孩子的行为，沟通策略缺乏灵活性，势必带来冲突爆发。由此而产生的家庭冲突，严重影响家庭亲子关系，甚至进入恶性循环状态。

3. 教育环境因素与两性关系教育策略

青春期家庭教育中孩子的性教育工作多数被忽略，这是由于文化中对性"羞于启齿"的观念。当孩子通知父母"我交朋友了"的时候，虽然很多家长都接受不能强制、积极引导的策略，但也难免茫然而不知所措。

针对中国文化下家庭两性观念的建立，要回溯到父母亲密关系质量的讨论。孩子在父母互动中，充分理解两性家庭关系的实质。父母自己面对两性关系互动和困惑解决的策略，就是鲜活的"教科书"，潜移默化影响着孩子的两性观。

家长直面自己两性观，勇于面对自己夫妻关系问题，是青春期家庭两性教育的核心。一个不能勇于面对自己的婚姻矛盾，积极解决并改善夫妻关系的家庭，由于孩子缺乏通过调整、面对亲密关系沟通并努力提升质量的鲜活体验，无法建立自我解决亲密关系冲突的勇气，更无法面对自己生活中的情绪情感困惑，逃避和拒绝接受成为主要策略，不利于孩子两性关系正常发展。

四、实际问题解读及解决策略

问题： 15岁女儿说自己有异性朋友。

分析： 此阶段对异性表达出兴趣，是一个正常事件。家长会表现出几点担忧：一是怕耽误学业，不能将精力集中在当前的学业中；二是怕认知发展不成熟，无法分辨对未来一生的影响；三是怕两性知识不足，使双方身体受到伤害。这些担忧都是正常反应。此时，家长要保持轻松、愉快的情绪与孩子交流，切忌出现过度行为反应，如脱口而出"你才多大，不知道学习期间不能分心吗""成绩这么差，还有心思交朋友"等。

策略：

第一步，表达惊喜并引导邀约孩子的异性朋友一起吃饭等。

第二步，以接待自己朋友的心态一起吃饭、喝茶、聊天。

第三步，愉快的情绪下送走小客人后，面对孩子询问看法，家长的回答务必从事实出发，先总结看到的优点，如个高、身体强健匀称、说话懂礼貌等，最后补一句："我感觉这个同学两只眼睛的间距比别人宽一点，好像这一点在医学上说明有家族遗传上的问题，具体不太清楚，你可以上网查一下。"

第四步，之后的几天，不提此事。过一段时间可问一下，那个来吃饭的同学现在怎么样了。不用多久，家长可能会得到孩子的答复："没什么呀？还是一般同学关系。"至此，一次沟通危机得以解决。

总结：

第一，不要将孩子正常发展经历全部压制，对异性不感兴趣，绝对不是家长期望看到的结果。

第二，正确看待孩子以及同学的优缺点，并如实表达出来，获得一致认同。

第三，在孩子心里建立一个类似"眼距大""两只手不一样"的疑虑，等待这个疑虑长大成为"恐惧"。但要把握一个度，以免给对方造成伤害。

第四，建立家长和孩子之间绝对的信任，让孩子自己决策。家长只是在孩子心里种下一粒"疑虑的种子"，等待这粒种子发芽、开花、结果。

学习单元 2

情绪调控

　　这个时期是孩子社会性情感的建立期，充分体验和巩固归属感、道德感等一系列社会性情感，逐步理解真实的社会与理想生活之间的差异，冲突与适应是主旋律，尤其增加了家庭与两性关系新任务之后，真实感更加明显。总体表现出冲动行为相对多发，伴随懊悔的内心体验。此类体验主要集中在家庭内部沟通以及表达自己对外界的判断时，"凭什么、为什么、不公平"的意识和行为表现，导致成人难以应对。

　　与此同时，孩子内在对情感的渴望与对约束的反抗，获取外部认同与自我意愿表达的冲突，成为核心矛盾。孩子试图从日常略带"幼稚"的思考与表现中，感觉到来自家长情绪情感上"认可"的目的非常明确。家长群体普遍具有两个特征。

　　第一，由于日常压力，情绪调控能力呈现波动状态，较难在家庭教育中，尤其是亲子沟通上保持良好状态，容易在沟通中出现情绪冲突。家长自身调控情绪能力不足的情况较为普遍。亲子教育冲突早期阶段，家长的情绪表达更多缺乏理性。发展到亲子冲突较为严重的阶段，孩子由于冲突持续时间较长，内心积怨没有很好地消化，更多的成为情绪冲突的主导者，家长疲于应对，导致教育无效。

　　第二，亲子沟通能力急需提升。家长缺乏对青春期阶段孩子不稳定状态的理解，孩子已经逐渐转化为伪装性表现，处于拒绝、放弃沟通，或冲突频发的两极分化状态，家长作为教育主导者，急需提升自身沟通能力，以适应孩子青春期广泛存在的情绪和冲突行为。

一、情绪情感发展特征及规律

13～18岁快速发展以及各脑部区域功能性发展的不均衡特征，决定了此阶段情绪情感的表达具有波动中"爆发"的特征。全面快速地发展，对于神经系统意味着缺乏"抑制"的功能，青春期阶段孩子们的情绪障碍、自我接纳等问题发生率提升，也从另外一个侧面揭示出，此阶段发展困惑较多。

1. 对外界情绪敏感性增强

情绪敏感性来源于孩子对评价的关注。他们对归属感的需求要大于成人，他们更在意父母、外界怎么看待自己，是理想自我发展到现实自我的一个过渡阶段。由于青春期"自我意识"建立处在最后阶段，还呈现出很多的不确定性。快速依据外部的回馈信息进行自我的内部调整，逐渐使"自我"符合社会要求，这是发展的任务，也决定了青春期阶段孩子对情绪情感信息、外部的评价具有较强的敏感性。

青春期后期，伴随自我意识的完善，孩子对外界选择性地进行接纳，选择什么、拒绝什么，与这个阶段教育环境提供的支持与引导是否科学有很大关系。家长能否和孩子形成稳定、友好，而不妥协、不会失去原则的亲子关系在此阶段具有重要意义。

2. 情绪困扰及负面情绪应对方式变化规律

13～18岁是个体身心发展的一个关键阶段，而当下竞争激烈的教育体制、家长对子女的高期望，以及快速变化的社会经济和舆论导向等，都给本阶段的孩子带来了压力，以致这一群体比较容易出现心理健康及情绪困扰问题。

国内外研究表明，目前儿童和青少年的心理健康情况不容乐观，全球有10%～20%的儿童和青少年存在心理健康问题，丁文清等人对我国17个省、市、区的调查发现，我国儿童和青少年心理健康问题的检出率为5%～30%不等，且呈现出逐年增高的趋势。此外，《中国青年发展报告》也指出，在我国，17周岁以下的儿童及青少年，约有3 000万个体存在心理健康问题，多数集中在情绪困扰和心理障碍范畴。

13～18岁青春期发展阶段，由于负面情绪积攒或处置不当，而引发的恶性事件屡见不鲜。针对此阶段孩子们表达情绪的方式，总体由内在转化为外在，持续时间延长，开始"记仇"的特征，此期间处理策略失误，会带来较为持久的亲子关系影响，当下社会广泛关注的"青春期反叛"行为，多数是由沟通不当导致的情绪和行为偏差引起的。

缺乏对孩子情绪情感发展的理解与科学指导，家长难以摆脱负面情绪影响，孩子更加难以走出负面情绪影响，导致亲子沟通不畅，加剧亲子关系恶化，形成恶性循环，需要引起家长的高度重视。一味地"忍让"并不能使孩子获得更好的发展"空间"。而在日常各种复杂事件处理当中，让孩子适度参与和决策，通过真实的体验来增加经验，才是对本阶段孩子的成长有益的做法。

3. 家庭情绪互动影响

家庭生活中，对情绪情感事件的处理与应对策略往往模式固定，不利于孩子学习、体验更丰富的情绪处理与应对策略。较为独立的生活成员，远不如父代成长过程中体会到的大家庭那么丰富多彩。有研究表明，家庭成员复杂，且有不稳定、周期性的轮换规律的家庭氛围中培养的孩子，情绪情感理解能力明显高于主干家庭培养的同龄孩子。丰富的情绪情感体验，是发展的重要因素。

家长情绪调节能力的提升，主要依靠寻求外部专业指导来完成。在日常生活中，建立良好的生活习惯，以及正确的生活态度，是情绪健康的基础条件。以下生活经历经过长期验证，对家长调节情绪具有积极作用。

（1）稳定的生活节奏，长期坚持体育锻炼的生活习惯。

（2）长期坚持冥想以及瑜伽等舒缓类健身活动。

（3）家庭成员拥有相同爱好。

（4）生活环境温馨，关系和谐。

二、情绪情感发展相关知识

情绪情感是人类行为的动力系统。在塑造孩子行为和认知体系的过程中，期望孩子持续发生的行为，只需要家长给予积极的情感体验，需要杜绝的行为，只需要家长提供消极情绪即可实现行为的消退。善于使用情绪情感来教育孩子，是家庭教育的必备技能。同时，情绪情感的发展也有其自身的规律，尤其在青春期阶段，其发展状态较为混乱，就像在医疗领域，某些疾病的诊断也会由于青春期阶段的发育特征的影响，出现较大的诊断困难，对家长科学地理解和帮助孩子建立良好的情绪情感带来不小的困惑。

1. 情感障碍爆发期

不断增加的青少年自杀案例让人们意识到，"学习压力大、作业未完成、批评、亲子冲突、做错事、没收手机"，这些只是压倒骆驼的最后一根稻草，青少年自杀的根本原因是抑郁和挥之不去的情感困惑。

《中国国民心理健康发展报告（2019—2022）》中指出，中国有自杀意念的儿童青少年比例，2020年比2009年高出6.2个百分点，尤其是女生，高出2009年10.4个百分点。该报告还显示，2020年中国青少年的抑郁检出率为24.6%，其中轻度抑郁17.2%，重度抑郁7.4%。初中阶段的抑郁检出率约三成，其中重度抑郁检出率为7.6%~8.6%；高中阶段的抑郁检出率约四成，其中重度抑郁检出率为10.9%~12.5%。这组数据表明，此阶段孩子的情绪情感发展出现较为严重的困惑，值得引发全社会的关注，并使用积极的策略提供支持与指导。

2. 情绪情感障碍与青春期发育

青春期，不仅仅是成长的年纪，也是情绪情感困惑爆发较为集中的成长阶段。成长经历中挥之不去的"遗憾"，在这个阶段汇聚力量，集中呈现出消极的影响。另外，脑、神经系统以及身体的快速发育带来的生理发育功能上的不稳定性，也是阶段性的特征之一。此时，孩子已经具备了更强大的能量，足以对外界产生更广泛的影响。孩子面对的情绪困扰，影响范围最大应当是"抑郁"状态，家长往往缺乏科学的理解。

抑郁症是现在常见的一种心理疾病，以连续且长期的心情低落为主要的临床特征，是现代人心理疾病最重要的类型。临床可见，心情低落和现实过得不开心，情绪长时间低落消沉，从一开始的闷闷不乐到最后的悲痛欲绝，自卑、痛苦、悲观、厌世，感觉活着的每一天都在受绝望的折磨，消极，逃避，最后甚至更有自杀倾向和行为。患者有躯体化症状有胸闷，气短。每天只想躺在床上，什么都不想做。有明显的焦虑感。严重者会出现幻听、被害妄想、多重人格等精神分裂症状。抑郁症每次发作，持续时间不等，大多数病例有复发的倾向。

在生活中简单地分辨抑郁，可以从日常生活中的行为表现入手。抑郁最为重要的指标是"低迷"和"少"。"低迷"是一直都不高兴，玩游戏也不高兴，而且不能持续较长时间，精力无法集中。"少"是行为明显减少，吃饭少、说话少、出门少，任何正常的行为都明显减少，并且对什么都不感兴趣。当孩子的表现持续"低迷"和"少"的时候，应当主动寻求专业机构的帮助。家长务必摆脱因抑郁去看病的羞耻感受，尽快采取求助行动，缓解孩子的负面情绪。

三、情绪情感发展提升

日常生活中，家长可以观察孩子的生活习惯，包括饮食、睡眠、学习等，如果孩子以前一切正常，近期突然食欲下降、失眠、做噩梦、学习专注力不集中、成绩下降，这些可能是情绪情感问题的早期表现，需要引起重视。孩子的行为表现明显不符合常态，与之前行为不同，或与其他孩子明显不同，如从前做事积极，近期忽然很懒散，或者从前很开朗，近期突然遇事退缩甚至疑心很大，都需要引起重视。密切地关注孩子的变化，对于发现情绪情感问题，提供有效的支持意义重大。

1. 建立有底线规则的教育环境

有底线的爱是孩子情绪情感教育的基础条件之一。行为有底线，孩子不焦虑。对于接受教育的孩子来讲，明确自己行为的边界具有极其重要的意义。不用自己在寻找规则时，体验"这么做是否别人会接受"所带来的焦虑和不安。成长本身就是通过不断地试错来规范自己的行为。缺乏明确而可操作的底线教育，孩子发展无目标，势必增加负担，体验到压力。

底线规则与责任感有关。通过底线规则的建立，孩子学会了承担基础责任，明确自己必须面对的事件，没有妥协的余地，只能选择积极应对困难。以下用当下不断增加的辍学事件的发展过程，来解读底线规则的意义。孩子辍学早期，以让家长请假、短时间逃避学业为起点。此时家庭教育缺乏的就是底线规则，上学不是可以随便逃避的任务，而是必须努力面对的生活责任。发展到中期，必然结合假期、周末、生病或者情绪冲突事件，来实现更长时间逃避学业的目的。被家长忽略的，恰巧是底线规则意识。生病或者假期不能作为上学请假的理由，此时如能让孩子体验到家长对底线的坚决性与不妥协，往往可以阻止辍学事件的发展。最后，达到辍学期，最少持续2个月的无理由不上学，而且伴随多次口头承诺"下周一上学"。家长多次体验挫败后，依然对孩子的"说话算数"心存侥幸，这也是在教育中缺乏底线规则的表现。

孩子们都愿意发展自我，获得外界认可，与此同时，也会不断试探家长的底线，以及如何做才能让自己更舒适。家庭教育需要家长具有温柔而坚决的教育态度，充分理解孩子的能力和认知边界，提供最适合孩子发展水平的任务，在家长忐忑的内心体验中，陪伴孩子长大。

2. 沟通策略与情绪情感发展

青少年心理问题分为外化性问题和内化性问题，焦虑、抑郁等情绪问题，属于内化性问题。如果孩子本身内向，又不主动向家长表达，家长常常不容易发现。因此，家长需要学习一些相关常识来识别。有些变化是正常发展阶段，但家长如果缺乏常识会过度紧张，误以为孩子出了问题，反而会适得其反。如青春期的逆反，很多孩子到青春期开始有小秘密甚至反驳家长，这些属于正常行为，合理引导就可以平稳过渡。因此判断某些异常的行为，究竟是不是疾病或者情绪情感问题，如果没有把握，可以咨询专业人士，而不是忽略、夸大或者过度焦虑。

很多家长看到的问题，其实与自己不恰当的养育态度、沟通质量有关。如孩子到

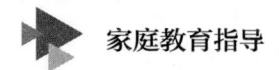

青春期了,如果家长还事无巨细百般呵护和控制,如同养育婴儿一样,可能就会带来麻烦。所以家长也要随着孩子年龄阶段的变化调整自己的教育和沟通的方式。

良好的沟通习惯,对于孩子释放消极情绪具有积极的意义。应先保证对孩子的自我意识和观点有基本的尊重。家长要合理地看待孩子"幼稚"的思维和行为,不要急于否定,保持沟通的通畅性。与孩子沟通不畅,多数是家长过早地否定了孩子的思考,孩子建立了"说了也没用,还不如不说"的沟通心态,最终导致家长无法发现孩子所体验的负面情绪,长期积压下,积蓄能量突然爆发。

当孩子在沟通中出现明确不符合规则的表现,家长必须明确对此严厉制止。良好的沟通,并不是让孩子为所欲为。当孩子感觉不到来自外界的基础要求,反而会使其陷入恐慌。缺乏标准的情况下,无法形成稳定的行为和沟通,导致焦虑体验,不利于孩子社会属性的发展,形成恶性循环。

3. 情感沟通能力与亲子关系质量

孩子在成长过程中,总是先寻求家长认同,再寻求旁人认同,进而渴望所有人的认同,依据外界反馈,维持自身的价值体验和存在的意义,逐渐构建自己的价值认知与情绪情感体系。当今部分家长认为称赞、鼓励可以提高孩子的自我价值感建立自信。但全面的、不真实的称赞对于13~18岁的孩子来讲,等同于谎言,不仅不能让孩子建立自信,反而干扰孩子建立自我价值评价体系,或者表现出"无所谓"的生活态度。

孩子们在追求认同的过程中,长期的精神压力和压抑情绪,会一点点积累并且在到达一定阈值后爆发。研究发现,慢性压力对大脑造成的伤害,和遭遇重大的创伤相似。如果压力荷尔蒙迅速上升,但马上能回落,这就是健康的压力反应。但如果压力一直存在、挥之不去就会缓慢而永久地损害杏仁核。这就好像是在大脑中留下了"伤疤",只需要越来越小的压力,就能触发它一次次的发作。最后,甚至可以在没有任何外界压力的情况下,仍然触发抑郁或消极情绪。

为了使孩子的生活中充满积极体验,构建一套坚定不移的自我信念系统,需要家长不断提高亲子关系质量,为孩子构建家庭是安全港湾的感受,使他们充分感觉到来自家庭、家长的积极认可和支持。这才是发展积极情绪的核心条件,情绪情感的发展才具备良好的环境支撑,健康发展。

在日常生活里,要给孩子留白,允许孩子拥有一些无聊、发呆、瞎玩的时间,让他们有时间从压力中恢复过来,有机会探索热爱;让孩子对自己的生活有一定的控制感;允许他们在一定范围内做选择、做决定,并且承担这个决定带来的后果。这样的生活有利于孩子健康快乐地发展自己。家长想在可承受的范围内追求最好,而每个孩子都有自己的特征,也都有要经历的"磨难"。家长要学会放弃自己的意愿,观察孩子自我意识的充分表达，以此获得相互的尊重，并及时表达各自感受，才能让孩子情绪情感的发展更加健康、顺畅。

包容、支持而不失原则的关系，真诚而充满情感的表达，引导而不是压制的亲子沟通模式，才能够让孩子感觉到自己被尊重，同时勇于表达自己的感受，而不会带来内心伤害。

四、实际问题分析及解决策略

问题： 13~18岁学生辍学。

分析： 辍学在13~14岁的孩子中较为多发，究其原因与青春期反叛有关，同时也是表达自我、自主意识发展的一种异常行为。在初一、初二阶段，学习难度以及全新的人际关系，会导致一部分学生虽然看得到自身问题（源于认知水平），却畏惧困难不想改变（源于退缩或逃避困难的行为习惯，责任感发展不足）。由此就把原本自己内在的矛盾，转化为外在的辍学行为表现，来降低自己内心的冲突。心理学使用"冲突外化"来描述此类问题行为。

策略： 早期阶段的辍学行为，家长使用"在家上学"策略，就可以缓解大部分孩子偶尔出现的上学退缩行为的影响。

第一步，同意孩子明天不上学的要求，并要求孩子依旧按照上学的时间来开展"在家上学"任务。

第二步，拿出课程表，依据每节课的学习任务，制定第二天不上学的任务，并制作相应的一天活动安排及每个任务的目标（包括体育课，可到楼下跑步）。

第三步，明确第二天在家学习时，每节课的具体时间，并提供监管方式，如爷爷、奶奶监管，或在没有成人陪伴时，家长通过视频监督，并坚决执行。

第四步，在执行过程中，如发现没有达成规定任务，则立刻安排送到学校，继续上课。明确责任人，严格执行。

总结： 此策略对于学生逃避上学任务的辍学早期具有明显效果，不适用于请假、逃学频繁发生的学生使用。策略维护了孩子意愿表达的积极性，并不是孩子说的都是错的，需要孩子自己在承诺执行"在家上学"后，体验完不成任务的真实感受，并承担后果。青春期早期由于认知水平发展不足，缺乏判断自己行为能力的依据，也不能接受自己答应做，想做，但做不到的内心挫败体验。这些真实的感受对帮助理解自身行为能力水平，客观地评价自己行为能力，具有重要作用。

学习单元 3

社会适应

这个阶段的孩子在生理、心理和社会属性方面都出现了"突变"。首先，身高、体重的增长和性机能的成熟，使青少年的成人感增强；其次，青少年的反省思维能力的提高帮助自己认识自我；最后，社会对青少年提出了成人化的要求，青少年面临更多需要自己抉择的社会问题。这些突变影响着自我意识从少年期向青少年转变。相对于少年期自我意识和社会认知高涨并迅猛发展，青年初期显示出趋于平稳、成熟的状态。

这个阶段，家庭指导要考虑到青少年自我意识高度发展和社会阅历不足带来的矛盾和纠结，引导青少年提升社会适应能力，学会在各方面控制自己的情绪和提高社会交往的能力，更好地向成年时期过渡。

一、社会适应发展特征及规律

1. 自我意识的发展

青少年时期自我意识的发展具有以下特点。

不论是一般的自尊情感、特殊指向的自我意识，还是独立意识，都随年级的升高而逐渐深化和稳定。中学生从初二到高一自我意识迅速发展，高一以后发展趋于稳定。自我概念更多地表现在内在心理品质和社会交往方面，而不是外在的特点上，青少年在自我评价的基础上，产生了更为高级的情感体验和对自我的接纳。一般的自尊情感与特殊指向的自我意识发展存在差异，学生特殊指向的自我意识很容易受环境的影响。

2. 同一性的发展

埃里克森提出同一性，是青少年时期人格发展的主要成果，是一个人成为有创造力、幸福的成年人的关键。同一性的构建包括明确我是谁、我的价值以及我选择的未来生活方向。关于自己和现实的探索，推动人们做各种人生选择，埃里克森把这个时期青少年的心理冲突称为同一性对角色混乱。儿童早期阶段的顺利发展，会为这个冲突的过渡打下积极的基础，而早期缺乏信任感的青少年很难找到可以坚持的信念；缺乏自主性和主动性的青少年在选择面前出现困难；缺乏责任感的青少年很难找到自己的兴趣所在和职业方向。

当青少年经历同一性危机时，需要经历一段痛苦时期来确定自己的价值观和目标，他们要反思童年时期形成的自我，把它与新形成的特点、能力和志向相结合，塑造成一个新的牢固的同一性。之后，他们在日常生活中，无论承担什么角色，都具有一种自我连续感。健康的同一性能够提供身体、心理和人际关系的幸福感，青少年期间的反思让同一性发展进一步完善。

3. 道德的发展

美国儿童心理学家科尔伯格受皮亚杰早期关于儿童道德判断的研究影响，把儿童道德发展的研究扩展到成年人，他描述了道德推理的3个水平。

水平一：前习俗道德。4~10岁儿童的行为受到外部控制，儿童遵循规则行事以避免惩罚或获得奖励，或者完全出于自身利益行事。

水平二：习俗道德（又称遵守习俗约束式道德）。10~13岁少年已经将权威的标准加以内化，他们关心自己是不是"好孩子"，是否能取悦别人，是否遵守社会秩序。

水平三：后习俗道德（又称自主道德原则式道德）。青春期早期开始，人们认识到道德原则之间存在冲突，他们依据权利、公平和正义对事情做出判断。

道德发展是一个缓慢的过程，在13~18岁阶段，更多的"不公平、凭什么"貌似捍卫自身权益的表达，都是内在道德水平发展的一个表现，家长理解了这个阶段发展规律，自然也就释怀了，不断来自青少年的"我就看不惯"的怒吼，只是过眼云烟。

4. 人际关系的发展

13~18岁青少年的亲子关系，主要表现为亲子冲突和亲子亲和两个方面。亲子冲突表现明显，发生冲突最多和最激烈的3个方面依次为学业、日常生活安排和做家务，而发生冲突最少和最弱的是隐私。

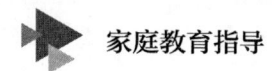

言语冲突和情绪冲突是亲子冲突的主要形式。在与父母发生冲突时，青少年使用最多的策略是回避。很多案例显示，在亲子冲突中，青少年与母亲的恶言恶语发生率增加，这一点与父亲的规则和底线教育原则缺失有关，值得家长重视。

同伴关系上，青少年表现最突出的是友情的深化。初中生的友谊认知包含关心与帮助、重情轻利、信任与尊重，以及兴趣相投4个维度。初中生的友谊认知可以划分为重情感—重兴趣、重情感—轻兴趣和情感淡漠—轻兴趣3种类型；初一学生在关心与帮助和信任与尊重上的得分显著高于初二学生，女生在关心与帮助、看重师生关系在人际关系中的地位方面，相比小学阶段不断地下降。由于自我意识和独立性的增强，青少年对教师的看法带有批判主义色彩，变得越来越客观和成熟。

二、社会适应发展相关知识

在此阶段，随着思维的发展，青少年对自我的看法更复杂、更有条理，也更稳定。他们逐渐形成了对自己能力和不足比较平衡的观点。不同青少年会在环境的塑造下形成同一性不同的状态，也更加对自己不满的环境产生反抗心理，如果给予有效引导，他们会把这些积极的想法转换成积极的外在行为，推动自己和社会的进步。然而，如果引导不当，就会让他们产生反社会行为，给自身成长或社会带来危害。

1. 同一性的状态

随着逻辑思维的发展，青少年的自我描述越发具有条理性，再加上自尊的发展，都为同一性的获得奠定了认知基础。詹姆斯·马西亚把同一性分为4种状态。

（1）同一性成熟。经过一段时间的探索，把价值观、信念和目标付诸行动。同一性成熟的青少年心理健康，行为具有跨时间的一致性，知道自己前进的目标。这类青少年在日常学习中主动性强，不用他人安排自己的生活，独立性、自主性明显高于同龄人，人生目标清晰，更有可能形成终生目标，并为此产生有规划的行为。他们多数呈现出积极、阳光的特性。

（2）同一性延缓。经过探索还没有付诸行动，也就是说这个状态的青少年还没有决定要付诸行动，仍然在探索和积累知识，希望找到生活的价值和目标。日常生活中偶尔会出现较强的积极探索的兴致，也可以形成相对长久的一段有目标的行为规划和执行能力，生活中有明显的爱好，持久性欠缺，容易有变化。

（3）同一性早闭。没有经过探索就付诸行动。这个状态的青少年需要权威人物替他们做选择；听话、照做，不指导或者安排好，就没有任何行动；看上去比较消沉，缺乏活力，少数会有体育运动习惯；人际交往属于被动型，不反抗，与家人较少出现冲突，在家里比较沉默，或者对某一个家长依赖较重。

（4）同一性弥散。既没经过探索也没有付诸行动。这个状态的青少年不对不同观点进行探索，或认为这样做太危险、太困难；对外部不感兴趣，明显欠缺好奇、积极的行为，甚至在言语表达中，都能感觉到思维的混乱或者思考缺乏深度，仅能从表面理解意思，缺乏提出有效问题的能力；对未来不做思考，更多是过一天再说的态度。

2. 反抗心理

反抗心理指自觉或不自觉地感受到某些方面享有的自由被剥夺时，自身激发的一种抗拒心理，其目的是表现个性、突出自我。反抗心理第一次出现是在2~4岁的时候，这个阶段的儿童主要是反抗成人对自己身体活动的约束。反抗心理第二次出现是在青春期，这时儿童反抗的是有关心理方面的内容，因而有人称这一时期为"心理断乳期"。

青春期反抗心理往往有两种不同的外在表现：第一种是激烈、外显的表现，对于他人的言语和行为进行直接和粗暴的反抗，且听不进任何的劝阻；第二种是冷漠、内隐的表现，虽然不与他人发生激烈的直接冲突，假装听不见，依旧我行我素。

出现反抗心理主要有3个方面的原因。

（1）自我意识的高涨，使他们有强烈的维护自尊的愿望，希望通过激烈的反抗行为获得他人的重视。

（2）神经中枢系统的兴奋性过强，抑制性弱，对细微的刺激也会引发较大的反应。

（3）独立性的增强，青少年希望能够不受外人干涉，以成熟个体的方式去行事。

3. 反社会行为

反社会行为指违反道德规范和社会准则的行为，既包括一般性偏差行为、轻微违法行为，也包括严重违法行为和犯罪行为。青少年时期特有的生理和心理特点影响着青少年犯罪。青少年一方面生理发展变化大，社会责任增加，人生重大事件增多；另一方面青少年的心智不够成熟，反抗心理成为青少年犯罪很大的动因。此外，青少年的价值观还未完全定型，认知也不成熟，较易受到不良行为的消极影响，从而出现犯罪行为。

青少年的反社会行为分为限于青少年型和持续终生型两类。当青少年出现反社会行为时，家长应认真分析其行为背后的原因，分辨这种行为的性质，从发展的角度，将其看作是青少年发展过程中的一种阶段性问题，以适当宽容的态度和正确的引导来对待。

三、社会适应提升

青少年时期同伴关系的作用，超越亲子关系和师生关系，成为他们最重要的社交关系，与此同时，来自同伴的压力也会在很多方面表现出来，包括学业、追求时尚方面，甚至反社会行为方面。如果没有形成良好的法律意识，这个时期的青少年会为了进入所谓的朋友圈、被同伴认可而铤而走险，做出很多荒唐甚至触犯法律的事情。

这个时期的家庭教育要了解青少年的理解能力、理想主义和批判主义的矛盾性，以及自我意识的膨胀，有效地沟通和引导，让青少年学会在这个时期逐渐增强法律意识来保护自己和周围生存的环境。

1. 同伴关系的发展

青少年时期是同伴关系发展的重要阶段，这个阶段的友情变得更加亲密和忠诚。女孩的友谊强调情感的亲密性，男孩更强调地位和掌控。积极的友情能够促进青少年自我概念的形成、观点采择的发展、同一性完善，以及未来亲密关系的保持。而且，友谊还有助于青少年应对压力，改善对学校的态度。

这个阶段，青少年同伴常常会结成一个有组织的朋友圈，这些伙伴往往有相似的家庭背景，以及相似的价值观。父母教育的方式会影响青少年进入什么样的小圈子，男女混合的朋友圈为男女生互相了解提供了支持性的环境。异性朋友亲密感的形成，要落后于同性朋友。家长要多了解青少年的朋友圈，并理解他们的同伴关系。

在同伴关系发展中，青少年会体验到服从同伴的压力，随着年龄的增长，这样的压力会减轻。与父母、同伴的良好关系，有助于健康的异性朋友关系的形成，这种关系可以促进未来青少年的情绪和社会性的发展。

2. 法律意识的发展

法律意识是人们对社会法律秩序的认知、态度、评价和控制能力的总称。青少年法律意识可以分为两个阶段。第一个阶段是道德和情感定向阶段，大部分小学生处于这个阶段，他们学习了少量的、不系统的、朦胧的法律知识，他们的法律判断受道德观念、个人的情感和好恶影响很大，他们往往以道德代替了法律，以感情代替了公正，认为不道德的就是违法的。第二个阶段是法律和理智定向阶段，青少年对法律知识有了较多的了解，能理解权利与义务等道德与法律方面的抽象概念，法律意识也基本形成，能够全面地考察动机与行为、行为与后果的关系，思维较少受情绪和主观好恶影响，能理智地看待法律方面的问题。在家庭教育中，家长要结合儿童的能力，有意识地提升儿童的法律观念和自我保护意识，学会通过法律保护自己作为公民的权利。

四、实际问题分析及解决策略

问题： 初中学生不主动跟家长沟通，同伴聊天会花很长时间。

分析： 与孩子交谈是很重要的。但是要考虑到这个阶段青少年的特点，同伴关系高于亲子关系和师生关系。如果他们跟同伴有天可聊，而跟家长没天可聊，家长就要先做好听众，而不是急于去表达，先了解孩子，再产生更多的沟通。

策略：

首先，家长可以谈论自己的一天、朋友和计划，成为沟通的好榜样。

其次，家长可以随便聊点什么，如问孩子学校的情况，孩子的计划等。如果孩子只是回答一个或两个字，家长就放弃谈话，等待下一次机会。

对孩子进行一些积极的评论，如"你今天好高兴啊""你这支笔很不错""今天你选的衣服很适合你"等。孩子可能不会给予回应，但父母亲已经做了努力。一旦孩子开始说话，家长就应倾听，并不断地跟随孩子的感受，避免批评、判断、指责和讽刺。顾及孩子的感受有助于交谈继续。如果孩子谈及他们正在努力解决的问题，并希望讨论这些问题，家长可以提出开放式的问题并继续倾听。

当孩子已经跟家长开始沟通，尽量不要强迫他们接受家长的想法，也不要急于回答孩子的问题。多让孩子表达观点和提出问题，家长才能更好地理解孩子的感受。家长可以发表一些理解孩子想法的言论，如"我也这样觉得""你这个做法很有道理啊"等，要对孩子的想法表示尊重。

尽量不要说"不"。因为此时期的孩子对控制很敏感，如果他们听到"不"的回答，那他们以后可能就不会问了，家长的目的是尽量鼓励交谈，而不是终结交谈。

总结： 青春期的青少年很容易跟家长有代沟，家长需要走近孩子，最好的办法就是增加有效沟通的机会。家长要先成为主动沟通的示范，做一个表达者和倾听者，少说"不"，多肯定孩子，多配合孩子，少控制孩子，帮助孩子敞开心扉。

学习单元 4

认知发展

13~18岁时期青少年的生理发展影响着认知能力。随着青春期的到来，感知觉发展趋于成熟，注意更有选择性，对信息的获取能力也更完善，不但能够吸收外界的信息，也具备了更好地抑制能力，以筛选不相关的信息，懂得有效地运用记忆策略，扩充自己的知识。

另外，元认知能力，即对思维的反思能力也提升了，带来对信息获取和问题解决策略新的领悟，更好调节自己的认知，加速思维发展。然而，在这个阶段，青少年青春期的冲动和自我意识的发展会影响认知的方向，情绪问题会影响认知发展中良好习惯的形成，理想主义和批判主义的并存也会影响认知发展的结果。

一、认知发展特征及规律

1. 感知觉

青少年的视觉感受性持续地提高，尤其在区别各种颜色和色度的精确性表现上显著提升。初中生对各种颜色的区分能力，要比小学一年级学生提高60%。初中生的视敏度已经发展到一生中的最高水平，也就是说，已经达到或超过成人的水平。初中生听觉发展表现为区别音高的能力明显增长。

青少年的运动觉和平衡觉也在持续发展，知觉的有意性、精确性、概括性也都在不断提高。

2. 专注力

青少年的有意注意和无意注意都在持续发展，有意注意逐步占据了主导地位。这个阶段的专注力发展表现在以下几个方面。

专注稳定性增强。13～15岁的青少年专注稳定性迅速发展，并且女生稳定性要高于男生。

在抗干扰方面，初中同龄女生高于男生，而高中同龄男女生无性别显著性差异。

初中青少年的专注广度已经接近成人水平，但青少年具备的知识经验和知觉对象的特点对专注广度影响比较大。与7～10岁儿童专注广度的迅猛发展相对应，11～14岁少年的专注广度发展则较为平稳而缓慢。

专注分配和转移能力，在青少年期的发展并不显著。

3. 记忆力

记忆力的发展在青少年时期是最快的。这一时期记忆的深度、广度、内容、方法，都有了较大的发展。青少年的意义记忆占据主导地位，并且意义记忆和机械记忆具有不同的发展趋势。初中生的机械记忆的效果先是随年级升高而提高，但是从初二开始随年龄增长而有所下降，而意义记忆的效果则一直随年龄的增长而提高。青少年的有意记忆相较于无意记忆占据绝对优势的地位，有意记忆的效果也好于无意记忆。青少年不仅有意识地为自己设立记忆的任务，而且也能有意识地调节自己的记忆活动，使之服务于一定的目的。另外，青少年时期是再认能力发展的鼎盛时期。

4. 思维

有效的思维方式，导致了青少年在看待自己、他人和周围世界的方式上出现了显著的变化，他们的抽象思维发展也充满了起伏变化。15岁以后，青少年的思维发展划分为以下4个阶段。

（1）两重性阶段。青少年在解答问题时认为非对即错、非此即彼，不存在其他情况。这一阶段的特点是，凡事要问一个"什么是正确"的答案。

（2）多重性阶段。青少年认识到事物的复杂性和多样性，对于问题和习题的答案，知道采用不同的方法。其特点是认为"每个人都有权利发表自己的意见"。

（3）相对性阶段。在进行逻辑判断时，知道事物是可以理解的，认识到价值是相对的，也就是"一切要看情况而定"。

（4）约定性阶段。这个阶段的青少年已经认识到事物的发展不是绝对的，认识到

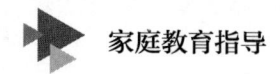

自己所采取的立场、观点有逻辑的必要性，而且应依具体场合的不同情况做出选择，也就是"这对于我来说是正确的"。

发展完善的思维方式，为青少年进入社会生活奠定了基础。随后的社会生活经历，会为思维方式不断提供应用及完善的机会。青少年逐渐融入社会生活中的各种场景，开展有效率、符合场景规则的交往活动，最终形成自己独有的思维系统并伴随终生。

二、认知发展相关知识

青少年时期的思维与前一阶段相比有很大差别，生理的变化让青少年对两性观念的理解有了很大的提高，而青春期脑部的发展也促进了青少年认知的发展。

1. 皮亚杰的形式运算阶段

皮亚杰认为孩子在11岁左右就进入形式运算阶段，形成了抽象的、系统的、科学的思维能力。在具体运算阶段，儿童只能"对现实进行运算"，形式运算阶段的青少年可以"对运算进行运算"，也就是不再需要凭借具体的事物和事件来思考。青少年能够进行假设—演绎推理，面对问题时，先提出假设，再根据假设做出合乎逻辑的、可以检验的推论，再把几个变量分离或合并，查明哪些推论可以在真实世界中得到证实。另外，青少年在这个阶段能够有命题思维，不需要参照真实世界的情境就能判断命题的逻辑性。

2. 青少年思维发展

青少年的思维与儿童的思维主要有以下几个区别。
（1）青少年不受现实事物的限制，可以更好地思考可能发生的事物。
（2）青少年思维的概括能力更强。
（3）青少年开始更多地思考思维过程。
（4）青少年思维不再局限于单一内容，而是趋于多角度地思考问题。
（5）青少年更多地相对辩证地看待事物，而不再那么绝对化，变得越来越全面、灵活。

3. 两性观念的建立

青少年早期处在性别观念形成并产生分化的时期。与性别有关的态度和行为更加趋向传统的性别观念。两性都会产生性别分化，但是女性分化程度更大，和小学相比，她们尝试做男性活动和行为的自由度降低了。社会和认知因素都对两性观念的建立产生了重大的影响。随着青春期在外貌方面的差异越发明显，青少年越发从自己的性别角度来思考问题。青春期的变化引发了来自他人的性别角色行为期待的压力，相对于小学，父母亲更加鼓励符合性别特征的活动和行为。从青少年中期到晚期，性别分化逐渐变弱，但是每个人下降的程度会有所不同。

三、认知发展提升

青少年的认知发展是一生的黄金时期，无论是记忆力、思维还是注意力都能够通过有效的方法进行开发。发展专注品质能够促进记忆力的发展，有意记忆和意义记忆都需要专注力的介入，记忆策略的增加又能够很好地帮助思维发展。青少年自我意识的提高，对于他们批判性思维的形成起到了很大的作用，让他们更好地观察自己和他人，反作用与自我认知的提升更加趋于现实。

1. 记忆力的发展

少年时期是记忆发展的最佳时期，这个阶段不仅要设法使他们多记住一些知识，而且要采用有效的措施来提高他们的记忆能力。

提升有意记忆的能力。有意识的记忆效果与有意识的目的和任务相关，在学习中让青少年有目的地结合任务去记忆，具体操作如下：①明确地指示应当记住哪些内容，并伴以必要的检查；②培养给自己提出识记的目的和任务的习惯。

提升意义记忆的能力。意义记忆是对材料意义的识记。为了培养意义记忆的能力，要创造条件让青少年真正地理解，而不是满足于死记硬背的机械记忆。

提供多种有效记忆的方法让青少年选择。如形象记忆法、谐音形象记忆法、多通道协同记忆法、歌诀记忆法、过度学习法、标记记忆法等。

2. 理想自我和现实自我的整合

当青少年开始反思自己的思维时，他们会更多地思考自己以及自己和他人的关系，并可能出现扭曲的想象，包括假想观众和个人神话。青少年时期多样化的思维能力需要正向引导，否则会产生理想主义，让他们成为挑剔的评论家，也很容易陷入挑剔批判所带来的情绪中。另外，青少年在决策方面存在困难，此时他们会退到习惯使用的直觉判断。这个阶段的青少年需要得到家长理性的分析和沟通，欣赏他们创造性思维的同时，引导表达自己的客观想法，在现实中构建理想，规划自己的未来。

3. 专注品质的培养

培养良好的专注品质能够让青少年有更好的学习习惯和成就，尽量做到以下几点。

（1）激发学习兴趣。找到感兴趣的科目和活动，青少年的兴趣就是能力所在，用他们的优势带动劣势。

（2）培养正确的学习态度和学习动机。尽量引导青少年理解学习是为了自己。

（3）根据年龄特点因材施教。如根据不同的教材内容采用不同的教学方法，叙述要条理生动，言语要准确清晰，课堂气氛应生动活泼。

（4）预防分散专注力的因素。例如，对于个别学生不守纪律和分散注意的行为，教师应用暗示的方法（如语调升高、言语停顿、目光凝视、邻近控制等）来提醒他们注意，而不是采用消极的训斥。

四、实际问题分析及解决策略

问题： 青春期青少年很难沟通，又敏感、又夸张、又理想化、又爱批判，还决策困难，怎么办？

分析： 青少年的认知能力受青春期生理发育的影响，一方面，他们逻辑思考能力的提升让他们有了很多自己的观点并不断地寻找证据去证明自己的观点，批判性思维的发展让他们更加相信自己是独特的，同时他们的情绪变得非常敏感，被挑错时觉得全世界都与自己为敌。他们很想自己独立做决定，但又不断地否定自己的决定。很多青少年需要家长的引导才能顺利地度过这个时期，具体可以参照以下做法。

策略：

首先，如果青少年对他人批评敏感，就不要当面挑他的错。如果问题比较严重，应单独私下跟他谈。一方面理解青少年的做法，另一方面给予青少年更好的建议让孩子尝试。

其次，如果青少年很渴望因为自己的与众不同而被关注，就要承认青少年的独特之处，并在适当的时机讲一些别人的故事和家长自己的故事来和青少年拉近距离。让青少年理解每个人都有自己的特质，让他感受到家长能够理解他的独特并表示欣赏，鼓励孩子更加综合地看待问题。

再次，如果青少年太理想主义，喜欢批判，就要多倾听他的远大抱负和挑剔的评论，并参与讨论。要欣赏青少年的理想并提出一个观点有其两面性，同时帮助青少年正向理解那些看不惯的人和事。

最后，如果青少年总是否定自己的决定，很难做决定，则尽量不要替他做决定。要多在重要决策面前给青少年做决策的示范，并尝试让每一个决策的优缺点都展现在他面前。让青少年学会接受任何决策的结果，如果对了就享受好结果，如果不对，就在错误中学习，无论怎样选择，都会有很好的收获。

总结：对于青少年，要理解他们这个年龄阶段的特征，欣赏并肯定他们的优势，一方面给青少年做示范，另一方面多鼓励和肯定青少年的决定。不要当着青少年的面否定他们，要通过别人的故事来讲道理，让他们改变错误的认知并学会在错误中学习。

学习单元 5

特殊教育

13岁左右孩子生理上进入青春期，特殊学校的孩子们心理与生理发展不同步，有可能认知能力上只有5岁的水平，其间如果遇到转衔压力、未来安置等问题，需要家长对孩子的生涯发展和规划有所思考，做好充足的心理准备、知识储备，建立家庭新的常态化生活系统，保证生活的品质。有些无法获得"中华人民共和国残疾人证"，其行为无法满足学习要求的学生，多数有学习能力发展不均衡的情况，其行为表现与特殊学校学生相同，但在某些领域如言语、思维等，发展水平与同年龄孩子相同。这部分学生的家长长时间经历孩子学习带来的"麻烦"，苦于缺乏有效的支持，面对孩子下一步发展的选择资源较少的情况下，需要主动寻求专业性的帮助与指导，并且要时刻保持坚定的信念，即"孩子一定可以找到适合的发展路径"。只有保持这个信念，孩子们的未来才有希望。

一、生涯发展特征及规律

1. 特殊儿童生涯发展认识误区

由于对特殊儿童身心发展、残疾等理念不了解，人们对于特殊需要学生往往存在不少误区。

（1）把残疾误认为是人的全部属性。常常把一个人存在的局部缺陷或不足夸大到整个人，如称视觉障碍的人为盲人等。

（2）把医学手段作为解决缺陷问题的唯一手段。医学进步肯定可以更好地解决部分问题，但无法完全解决残疾问题。在没有医学上的突破之前，家庭还是要尽其所能为孩子奠定发展的基础。

（3）把致病因素全部归结为遗传。把孩子的心智障碍视为遗传疾病的误解最严重。其实，很多疾病与环境因素、不健康的生活方式有关。

（4）把隔离当作对孩子最好的保护。隔离让特殊儿童远离常态社会，一方面带来残缺的人生，不利于其身心发展，另一方面给社会带来了沉重的负担。

（5）把托养监管作为最好的照顾。这让很有潜力的特殊儿童和青少年过早地过上了"老年生活"，是对成长的限制。针对无法确诊，而行为表现又满足不了学校要求的学生，要持续地寻求专业指导，主动进行更广泛的交流，制造机会，不断尝试。

（6）认为"儿童到达发展高原后想要再进一步发展的可能是微乎其微的。"其实，在青少年及成年阶段，大脑和神经系统都还在发展。负责调节情绪、对想法及行动进行排序以及影响抽象思维及概念建构的大脑部位的发展会一直持续到50~60岁（这个部位的大脑发展也符合"用进废退"的规律）。所以，通过社会融合、特殊教育和康复训练等手段，支持和加强孩子的基本发展能力和信息加工能力还是十分必要的。

2. 青春期

特殊学校青少年的身体在青春期会有很多变化，他们对于"性"的兴趣逐渐增加，这个阶段的攻击行为比较有危险性。青少年体格越来越壮，肌肉快速发展，荷尔蒙也在改变，男孩睾酮的增加会影响攻击行为的性质。面对自己快速变化的身体，青少年可能感到恐惧。能力等同于5~7岁儿童发展阶段的孤独症谱系障碍青少年，如果出现"性"兴趣或行动，往往让家长感到手足无措。家长主动寻求妇联、民政等资源，为孩子构建自己的家庭找寻通路，是符合孩子发展的策略。不能一味地等待，特殊学校孩子也会有成家立业的需求，这一点家长必须面对并做出努力。

3. 转衔

转衔教育也就是过渡教育，在13~18岁，特殊儿童也要经历中考、高考，可能是普通学校与特殊教育学校之间转衔，可能是普通初中向普通高中、职业高中、特殊教育高中，或者向社区转衔，也可能是向特殊高等教育转衔。

每一次转衔都需要重建一个支持系统，需要个别化支持转衔教育计划。由于我国目前尚无明确的转衔支持计划的法律规定，家长需要和学校合作，共同为孩子的转衔提供全面支持。

二、生涯发展相关知识

任何一个孩子都应该有他自己的未来。家长需要客观地对孩子的未来进行评估，包括做什么，或者可以完善什么。在孩子本身发展水平基础之上，明确目标，而不是等待。

1. 生涯发展的概念

生涯有两层含义。广义的概念是生命的边际，即从生命起点到终点的人生规划，这一层可称为"大生涯"。狭义的概念是围绕一个人的职业展开的，这一层称为"小生涯"。应帮助特殊青少年在人生规划的基础上走好职业生涯。

2. 中国残疾人就业方式

国内残疾人就业，得到国家和各级政府支持，已经产生很多积极的效果，帮助数以万计的残疾人走向自己生活的道路。而非残疾认证以及行为有缺陷或发展不足的学生面临的挑战，也许更为严峻。是否能走好自己的路，需要家长积极而主动地整合各类资源，通过不懈努力来达成孩子顺利进入社会以及独自生活的目标，主要的就业形式如下。

（1）集中性就业。集中性就业是指某类残疾人相对集中的就业方式。常见的形式有肢体障碍者、听觉障碍者的福利企业，盲人按摩的医疗保健行业，为精神障碍者提供的工疗机构等。我国的集中性就业强调福利性，这是庇护就业在我国的表现形态，表现出隔离性和保护性。

（2）分散性就业。分散性就业是指机关、团体、企事业组织、城乡集体经济组织按一定比例相对分散地安排残疾人就业。按比例就业分散性就业的主要形式之一，分散性就业还包括残疾人个体就业、自主创业和参加农村种植、养殖、家庭手工业等生产劳动及其他就业形式。

（3）居家就业。居家就业是残疾人就业的一种新形式。居家就业与现代电子商务的发展密切相关。在大数据时代，人们的就业方式发生了巨大的变化，也影响了特殊人群的就业，这一趋势值得关注。

（4）辅助性就业。辅助性就业各地的解读不同，如深圳地区将按比例就业以外的其他形式都称为辅助性就业。认为这是一种"保护性、间歇性、临时性、过渡性的就业安置形式"，指对特定的残疾人（主要包括中重度智力、精神和重度肢体等残疾程度较重、适应能力较弱、难以通过一般途径实现常规就业的残疾人）安排简单劳动并提供康复治疗、生活能力训练、就业技能训练等服务，帮助其获得一定的职业技能并逐步实现回归社会就业。

（5）灵活性就业。灵活性就业尚无明确定义。根据四川省泸州地区有关报道的介绍，残疾人居家灵活就业是指残疾人以"非员工制"方式，就近、就便实现就业，包括个体就业、庇护就业和从事家庭手工业、发展种植业、养殖业等就业形式。

3. 特殊职业教育类型

（1）特殊教育学校的职业教育。一般聋校、盲校高中部分流为两部分，一部分是职业教育，另一部分是普通高中。普通高中学生通过单考单招进入特殊教育学院接受本、专科教育。

（2）融合教育中的中等职业教育。我国在大力推进中等职业教育学校实施融合教育，与基础教育的融合教育对接，形成我国特殊儿童的生涯教育通道，将有效地保障绝大部分特殊儿童的受教育权利，并有效地与就业实现衔接。

（3）残疾人高等教育。这种类型的教育主要有以下形式：依托专业办学的高等院校，如滨州医学院、西安美术学院；独立设置专业的高等院校，如长春大学特殊教育学院、北京联合大学、郑州工程技术学院等；嵌入现有专业的高校，如将听障与视障学生安置在学生选择的专业中，与普通学生共同接受高等教育。

（4）参加普通高考随班就读。学生入学后，生活上的困难有老师和同学帮助，技术上的辅助依赖于资源中心，这种方式逐渐成为特殊学生接受高等教育的主要形式，是值得推广的高等教育的融合教育方式。

三、生涯发展规划提升

残疾人职业发展，因青少年各自生理特征而出现较为明确的职业发展路径。各地残疾人联合会、民政部门依据国家规定提供政府各项支持。

1. 早规划

"特殊儿童的职业教育要从3岁开始。"特殊儿童成长的每一步，都要面向未来，立足当下。提高特殊儿童的生活质量，让他们过"有尊严的生活"是每个阶段的目标。特殊儿童的生活质量与家庭生活质量息息相关，家庭生活质量关注以下几个方面。

（1）在早期干预中仅干预儿童，忽视家长的干预，成效达不到预期。凡是重视家庭生活质量、家庭得到支持的，儿童干预效果也好。

（2）家庭成员间关系。家庭生活是特殊儿童生活的核心圈，人际关系是家庭生活质量的关键、敏感指标。

（3）母亲起关键作用。

（4）家庭生活方式与氛围影响家庭生活质量。家庭成员间相互协作、相互支持、平等的生活方式，是提升特殊儿童生活质量的良好条件。

（5）家庭价值观影响家庭生活质量。当一个家庭建立了积极向上的价值观，就将激发出家庭的正能量，与家庭幸福正相关。

这里提出的早规划，就是在家庭生活中，不断调整各种因素，去发现特殊儿童的特点、优势，集中力量帮助他们建立家庭支持系统，使家庭生活常态化，这是生涯规划的重要组成部分。

2. 转衔规划

（1）生涯关键期。人生是一个连绵不断的过程，每个关键期的关键作用是不可替代的，特殊儿童的关键期在生理和心理上可能不同步，常常生理到位，心理不到位，所以特殊儿童转衔需个别化，生涯关键期有四个基本阶段给家长参考。

1）生涯察觉。在接受小学教育阶段，具有初步了解认识生涯的意义。

2）生涯探索。在接受初中教育阶段，具有探索性生涯发展设想。

3）生涯准备。在接受高中教育阶段，直接为未来的生涯发展做准备。

4）生涯同化。在学校毕业后，实现生涯安置，如社区安置、就业安置、继续教育、升学等。

（2）个别化教育计划与个别化转衔支持计划的区别。针对的时期不一样，个别化教育计划用于某一发展阶段内，个别化转衔支持计划用于两个不同发展阶段之间的过渡与衔接期；采用的方法在侧重点上有所区别，个别化教育计划突出教育因素，个别化转衔支持计划突出支持因素。

四、实际问题分析及解决策略

问题： 特殊青少年出现"不雅"行为。

一个阿斯伯格综合征大男孩，他秉性纯良，随班就读，表现相对不错。进入青春期后，难以决策简单问题，不分场合出现"不雅"行为。

分析： 这一时期生理变化带来的心理冲突是普遍问题，特殊青少年的困境是能力不足与错综复杂的混乱局面叠加带来的困扰。他们自己无法找到解决这些困扰的途径和方法，出现焦虑情绪和特殊的行为。由于认知和表达能力不足，他们不懂得掩饰，不分场合触碰自己身体敏感部位而不能自拔，为取悦同学不惜在公共场所做出不雅动作，同学的嘲笑，他可能会认为是喜欢他。

策略：

（1）告诉孩子，喜欢触碰自己身体的不同部位是非常隐私的动作，必须在适当的场合和时间才能做，如卫生间、卧室。

（2）可利用附有图片及文字的书，讨论身体的变化。讨论如何避免遭遇性侵犯和感染疾病，讨论自我保护。

（3）以温暖、关怀和支持的态度来满足孩子的依赖需求，陪孩子闲逛、旅游、听音乐、做饭、看电影。

（4）允许他装出比实际的他更独立的样子，满足他对安全和温暖的需求。

（5）及时察觉他的混乱、焦虑、忧郁，尽量给予正向支持。

（6）共同参与一项运动，长期坚持，形成习惯。

（7）要避免出现"两者选一"的场景。如"你要去打球还是去爬山"。家长可以直接说："今天我们去打球。"他不想去时会说："不要！"

总结： 让特殊青少年平稳度过青春期，关乎他们今后的发展方向。青春期是他们一生中的关键期，需要提升他们的综合能力。家长可能因为他的不雅行为感到不安或有耻辱感。但家长要摆脱这种误区，要认识到，这个时期是他最需要家长帮助的时候，要把心态放平，正视问题，寻求帮助，解决问题。

培训任务 5

家庭教育指导综述

教育在人工智能快速发展的当今社会广受关注。人们想探索人工智能发展对教育带来什么样的挑战，以及人类应该如何利用和科学评价这些新技术对教育的影响。家庭教育作为教育之中重要的组成部分，在《中华人民共和国家庭教育促进法》（以下简称《家庭教育促进法》）等一系列法律法规出台后，成为当下热议的话题之一。

教育是一个复杂而漫长的过程。受到社会、家庭、社区、文化、宗教、社会意识形态和经济发展状况等各种因素的影响。不仅仅是学校理念、教师素养和家庭支持与响应这么简单。同样家庭结构、同一所学校、同一个班级的学生，有的可以考上名校，有的则可能辍学在家。作为社会教育的主导之一，成年人群体更应该多思考当下家庭教育应该掌握什么，对家庭提供什么支持，什么形式的支持最能满足孩子发展的需求。另外，还应考虑由哪个部门、什么人、什么时间提供支持最为恰当。一切只为了提高家庭教育的质量，为孩子构建更适宜发展的环境。

学习单元 1

家庭教育的内容框架

教育领域研究成果显示，家庭是社会个体早期发展最有意义的背景。几十年来，"家庭教育问题"这一概念已经得到理论和实证科学的支持，对儿童早年成长质量的研究，证实了家庭对于个体发展会产生持续而深远的影响。

家庭教育探索研究的目标，是为家庭教育指导与干预的途径，提供一个有实质基础的导向。与此同时，基于现有研究文献的局限性，我们提供家庭教育指导的概念体系、应用过程及成果的描述，期待在后续不断实践中逐步发展、完善家庭教育服务内容框架。服务中的指导与干预指的是为提高孩子们发展而设计的一系列不仅仅面向孩子们的，范围相对较广的活动。这些活动通常针对家长，提供家庭教育和卫生保健，以及各种服务，旨在积极促进家长教养方式、家庭功能、个别性发展或治疗服务支持。结合当下国内教育发展特征，适度地针对教师群体提供家庭教育指导也势在必行。有研究显示，教师家庭中孩子的行为表现，差于父母从事其他行业的家庭中孩子的行为表现，尤其是青春期阶段，更为明显。教师群体的家庭教育指导有不同特点，需要不同的策略，这也是一个全新的研究方向。

结合当下国内家庭教育情况，总结家长的需求主要有3个方面，这3个方面相关知识传递、指导与支持，构成当下家庭教育指导的主体内容框架。

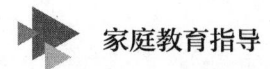

一、亲子关系

作为最稳固的亲密关系之一，亲子关系是家庭教育的基础条件。家庭亲子之间的多边关系在家庭教育指导与干预中的功能有着特殊的意义。二三十年前的家庭教育，在家长几乎脱离儿童发展研究和知识的年代，完全凭借牢固的亲子关系，较为顺利地完成了当时的家庭教育任务，是"70后""80后"甚至部分"90后"们家庭教育的基石。依据当时的社会发展水平和家庭教育需求，很少听到家长主动提出学习科学教育孩子的知识与策略，也没有很多家庭教育恶性事件的发生。如今变化最大的因素，可能是社会意识及家长教养方式，即家长所提供的包括观念、信仰和行为，显著地直接影响儿童的经验，同时，家长人际关系、在家居环境中的日常事务和可利用的资源（如图书、社会宣传等），以及他们与外围支持系统的联结也会对家庭教育成果产生间接影响。

二、成长规律

以孩子发展为中心，是科学教育的基础思想。结合每个阶段孩子发展任务的变化，以及必要的行为、能力发展需求，来开展科学教育，是如今一个非常严肃而实际的任务。任何知识的匮乏，都会带来灾难。不知从什么时间开始，超前教育现象频发，在教育部门三令五申、相关法律明确规定下，超前教育依旧在各地泛滥，更有甚者，很多教师的子女也在这个超前教育的行列之中。忽略超前教育对孩子发展产生恶劣影响这一事实的做法，归其原因是对孩子成长规律的蔑视，同时也呈现出科学教育理念宣传的无力，无法撼动"商业教育"的利益，这个失败的代价是几代孩子的未来。

三、教育策略

家长在成长经历而习得的教育理念和方法，在如今貌似已经没有了应用场景。"教育孩子怎么这么难？"几乎是大江南北每一个家庭的难题，也是当代父母交流的主要话题。围绕教育的核心目标，让孩子发展成为一个合格的社会个体，需要在良好的亲子关系之下，对孩子的成长多一些耐心，少一些偏见，孩子自然可以健康快乐地成长。结合对儿童发展规律的理解，为孩子们构建一个更适宜发展的环境，才是每位家长的愿望。因此，本书每个任务都提供了具体教育实施策略，便于家长和教育指导从业人员使用。最好的教育策略，就在生活互动之中；最好的教育几乎不需要消耗太多财力。

学习单元 2

家庭教育指导从业人员的几个思考

　　家庭教育指导是一个全新的专项技能领域，它不同于心理咨询，但需要大量心理咨询的技能与理论支持。从涉及的学科领域来讲，家庭教育是典型的多学科技能，包括社会学、人类学、医学、心理学，以及教育学领域，所以对从业人员的要求较高。

　　在从业之前，每一位即将进入，或者正在从事家庭教育指导工作的成年个体，首先要问自己，是否仔细、深入地思考过即将面对的挑战，这些问题都是什么。只有不断地自我反思，深入思考，才能更加从容地在家庭教育指导这条大路上走得稳健、长远。

　　先不要自我暗示："为了……而努力！"一腔热血并不能带来知识与技术的提升，也不会带给信任从业人员的家长和孩子以希望。唯有认真且深入地自省，才能保证每个任务的完成。应提前思考的内容最少应该包括：家庭教育指导工作的服务及内容边界、对象特征、实施规划、干预时长、成果评价、相应的风险评估、支撑团队及转介绍路径等。

　　期望各位从业人员在从业过程中，可以充分发挥自己的专业能力，降低家长教育上的焦虑，为孩子们提供有效的帮助，成就自己，做一名合格的家庭教育指导专业人员。

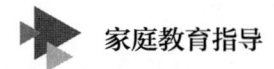 家庭教育指导

一、家庭教育指导方案的主体是家长

家庭教育早期指导与干预，包括家庭作为一种补充功能或专职功能，都假设通过在家长教养方式和家庭教育过程上的持久改变，能产生良好效果。没有家庭的积极参与，教育指导与干预不可能成功，一旦中止对家庭的教育指导与支持，所取得的极少的成效也可能会消失。

在家庭教育指导与干预中，家长的积极参与将决定在所有支持服务结束后，孩子积极行为表现的维持效果。因此，家长参与的态度和持续支持的时间长度，在针对具体家庭提供支持的起始阶段，就需要客观评估。家长参与的态度和持续支持的时间长度两个因素在家庭教育指导过程中相互影响，相互促进，对于家庭教育指导规划提出更高的要求。客观建立效果期待是对家庭教育指导从业人员工作目标的合理管理，可降低从业人员内心挫败感的滋生，是提高家庭教育效率和孩子成长效果的重要评估内容之一。

二、家庭教育指导是以儿童取向还是以家庭取向

长期以来，这两种取向的各自优势，成为家庭教育指导与干预文献资料中争论的焦点，到今天仍然是一个活跃的实证调查研究领域。家庭教育指导与干预方案的设计主要核心特征在理论上存在着分歧，对儿童的发展变化的调整力量集中于内部还是外部，或者是集中在内部和外部势力之间关系的结果上存在着分歧。尽管这一主题经常将聚焦于儿童的干预和聚焦于父母的干预一分为二来对待，但在现实家庭教育指导与干预实施中，则仅表现为对父母关注的量和类型，以及针对孩子们发展重点上有所不同而已。

从应用角度来分析，未来所遇到的服务家庭，可能家庭的特质才是决定服务重点的重要因素，而不在于前期理论上的推演。结合家庭各类角色，以及孩子的具体年龄和行为特征，寻找最佳指导和干预路径，不失为一种方案制定的大胆尝试。实际操作中，找到家庭中改变最为积极的一方作为突破口，更有利于家庭教育持续的执行。家庭教育指导方案中必然包括成人之间互动和支持的策略，以进行家庭内部互动和分工的梳理，形成共同目标，家庭教育指导才能发挥最大效力。

三、家庭教育指导与干预是否应该针对家庭提供

在家庭教育指导与干预的设计和执行上要做出取舍，对工作重点进行细微调整，决定为家庭提供多少服务、干预的时间节奏，以及首先做出调整的具体内容指导。当

前社会维权意识、家长权利以及对家庭文化和传统的尊重，会导致这种全面针对家庭支持的行为遭到质疑。这也说明此类教育指导服务，不仅仅是给了家庭名义上的关注，更是触及了家庭更深层次的矛盾，这种矛盾可能从未被揭示出来，具有较强的私密性质，这些变化可能会对家庭教育和孩子发展有所帮助。

家庭教育指导从业者要谨慎评价，重点针对家庭角色支持元素展开思考。首先明确父母的定位是助手还是补充，或父母之中谁是主导，谁是辅助，并达成共识。其次，侧重于家庭教育功能计划目标和内容来界定范围，是侧重于儿童还是更广泛的内容，如何使处境不利的孩子有更好的教育成果。这些思考应当关注具体服务的分工、内容、方法、效果，以及父母和家庭因素是否影响儿童成长结果，是怎样影响的。最后，确定家庭教育指导与干预内容和边界并及时调整策略。这里主要强调对家庭环境的干预和严谨渐进方法的运用，以此来确定家庭教育指导与干预更有效的影响因素。

四、家庭教育指导与干预对象的界定

家庭教育指导与干预对象主要分为两类：第一类通常指由于家庭经验欠缺或教育特征而引发的，被认为处于发展迟滞或学业困难危险中的孩子所在的家庭；第二类则是已被医学确诊为功能性学业困难或发展迟滞或存在缺陷的孩子所在的家庭。

家庭教育的成果是孩子的发展状态，针对孩子发展现状筛选服务对象是最佳途径，在孩子的发展状态评价上，往往存在较大的差异。具有医学确诊证明后孩子们的指导，在国内由民政部门及医疗康复、特殊学校等专业属性机构执行。家庭教育指导专项职业能力的辅导范畴不包括诊断和治疗，更多面向对专业要求较低的日常家庭教育指导对象。

通过教师群体评价，可以快速获取目标。但教师自身角色和专业性差异造成的判断失误，会对表面上的明确目标类别判断带来很大的干扰。

家长寻求医学帮助，判定孩子发展迟滞，已经成为当下家长们的梦魇。通常医学治疗对第二类家庭带来帮助，并且提供诊断后的专业建议。而第一类家庭，大多数情况下要推动家长、教师和家庭教育指导从业人员达成共识，为后续的家庭教育服务奠定基础条件。家庭教育指导所服务的家庭，绝大多数属于第一类，即由家庭教育经验欠缺或教育特征而引发的，被认为处于发展迟滞或学业困难危险中的孩子所在的家庭。针对此类家庭提供教育指导与干预，先要在家长与教师之间建立信任，达成共识，才会有更多可使用资源，为孩子争取到最大限度的发展契机。

多数家庭教育指导从业人员，具有饱满的教育热情与情怀，当面对第二类孩子家庭的时候，务必相信残疾人联合会、医疗和特殊教育机构的判断，对家庭进行关怀更符合家庭教育指导专项职业能力设立的初衷。

学习单元 3

家庭教育指导相关知识

关于家庭教育指导与干预的形式、主旨、方法和过程，可以追溯到家庭形态对教育的贡献、家庭各种角色在教育中发挥的功能，以及家庭资源差异对教育的影响等因素。这些因素影响涉及理论和应用实证研究。社会政治、经济发展，尤其是人口结构、法律法规、生活环境等条件变化对家庭教育也有深刻的影响。目前关于家庭教育理论的观点较多，并且仍在探索和发展中，并产生了将理论付诸实践的经验信息，不断地提供全新的研究及应用成果，家庭教育指导的实证成果必然会不断推动全社会更加科学和直观地理解家庭教育。

下面简单介绍部分有价值的家庭教育观点。

一、情景主义观点

引用非洲的谚语"养育一个孩子，需要整个村庄"来表达情境主义观点对教育的理解。这一杰出的理念在社会进一步发展中变得更加复杂，部分由于社会环境的瞬息万变所带来的社会特征变化所致。正如50年前的教育水平以及当时社会对家庭教育的理解水平已无法适应当今世界。社会快速发展，必不可少要去面对单亲父母家庭、母亲或父亲在外工作的家庭，以及地域文化、信仰、家庭语言差异较大的家庭。这类源于社会发展所带来的变化，是家庭面对的现实问题。并且在实施教育的过程中，还会不断涌现各类因素变化，家庭教育如何面对？这需要更多的实证案例的呈现，也需要更多的理论研究成果支持。

二、生态学观点

该观点对于家庭教育指导与干预领域的主要贡献在于，增加了人们对于人群差异影响的意识。人们不能进行简单的推理假设，即认为在一个或几个群体中所确认的特征，会在另外一个群体产生相同的影响。因此统一规划家庭教育指导的愿望，由于家庭教育的复杂性，基本不可能实现。干预研究发现，在一个群体或某个情境中有效或无效的状况，可能在另一个群体或情境中表现出不同结果。一个详细的指导方案模型或策略，仅能够对一部分家庭或父母起作用，并且当下没有效果的指导策略和方案，未必在其他家庭不适用。这些家庭教育指导工作的特性，对从事家庭教育指导与干预的从业人员提出全新的挑战。需要不断学习与适应各类家庭的需求，并及时调整策略，不断迭代，才能最终实现家庭教育指导与干预的有效性。

学习单元 4

家庭教育现状

当下家庭教育已经达到一个全新的关注高度。家长们普遍认为家庭教育成本过高，养一个孩子负担沉重。大部分家长倾向于培养精英的理念，家庭所有关注点都集中在孩子身上，保护和控制、唯恐"掉队"的想法，导致教育消耗掉一个家庭大部分精力和物力。

从家长可以获取的教育指导资源上来看，互联网上充斥着名校优等生提供家庭教育策略，或者各类型家庭教育"专家"兜售理念，售卖产品，也不乏各类型的国内外"先进教育理念"，宣传一旦掌握必然孩子受益终身等乱象。

家长缺乏科学筛选的能力，大范围的教育焦虑情绪相互影响，形成"过度内卷"的社会教育局面。

一、家长教育困惑研究

本书编者在 2020 年 3 月，面对全国 31 个省、市、自治区，11 334 个 5~7 岁儿童家庭做了访谈及问卷调查。分析结果显示，在 5~7 岁儿童家长担心的问题之中，高达 65% 来源于学业表现，其中占比最高的问题是孩子专注力不好，担心上学适应困难。在解决策略中，家长直接选择了"提前学习知识，以保证不掉队，跟得上学习进度"。可以明显看出，家长的焦虑真实存在，但解决策略完全与焦虑的问题是两件事。原因有两点：一是对 5~7 岁儿童专注力发展缺乏科学认识；二是教授知识的机构，商业宣传和招募策略到位。

在孩子长达 12 年或更长的接受教育的道路上，到底还有多少个相同的"障碍"需要跨越？这个问题需要更多热心于教育的成年人关注并参与，努力构建一个科学的、符合孩子发展的社会舆论环境，共同维护孩子发展的权利。

唯分数论，以及培养精英、领袖的美好愿望，都有一定的道理和适用场景。家长要明白，家庭教育的第一责任是将孩子培养成为"合格的社会个体，为社会发展贡献自己的力量"。一个缺乏自理能力、无法参与合作、沟通缺乏主动性、藐视一切规则的孩子，将难以适应社会，甚至被社会所抛弃。

二、《家庭教育促进法》

2022 年 1 月 1 日《家庭教育促进法》颁布实施，国家对家庭教育重视的程度不断提升，也再一次对教育涉及的各相关部门提出更高的要求。其中针对教育体系明确要求执行发挥对家庭教育的指导责任，第一次用法律形式对教育部门提出具体要求。之后，相关部门对家庭教育出台文件，督促进行科学而适度的家庭教育支持工作。

家庭教育进入依法履行的"快车道"。有了法律保障的家庭教育，并没有摆脱原有对目标、方法、内容、机制和从业人员的具体执行经验匮乏的局面，仍需要更多的时间和实证成果来进行优化和推广。家庭教育指导还是一个全新的领域，各类活动以及项目落地，取得了初步成效。而在一线教育场景下，缺乏的是面对具体问题，可以解决教育困惑的具体操作策略支持。这给家庭教育指导从业人员发挥自身优势，在问题面前充分发挥创造性，结合实际问题展开工作提供了空间，也给更多理论和实践结合展现效力提供了机会。

家庭教育发展展望

家庭教育指导的研究和应用,处在一个成果匮乏的阶段。各领域相关研究并没有形成合力,依然在各自领域,延续各自学科的特征,进行着学科内的范式研究,跨学科目标设定相同的研究比较罕见。而家庭教育是复杂的、多维度的领域,针对每个维度的具体影响权重、系数缺乏共识的标准。当下在家庭教育研究成果上相对丰富的学科仅心理学和教育学。

研究多以指向某一个问题为导向,对问题本质的梳理与确认,源于一线案例和实践经验总结。在更多家庭教育指导实际操作过程中,势必引发更多学者和科研人员的研究。因此,家庭教育指导一线操作人员具备基础的问题思考能力尤为重要。下面尝试针对家庭教育研究方向,以及已有的研究进展信息进行部分罗列,以期有积极的影响。

应该与家庭分享什么信息,或者分享到什么程度,才是最佳策略?

利用孩子的课堂课程支持,是家庭教育发挥作用的内容基础。这一策略假定的优势是课程具有连续性,课堂活动和经验是对孩子家庭生活的扩展和增强。当下在基础教育阶段倡导的"劳动课"应该就属于这类形式。孩子在课堂上获得经验,回到家与家长配合,最终提高了孩子融入生活的能力,同时,家长恰当引导还可以发生诸如责任感、成就感等社会性情感的收益。

这种安排有一个潜在的局限,即内容不能使每个家庭按照自己的方式行事。也就是说，对于儿童的发展，内容不是唯一的贡献，还包括父母对他们孩子的发展目标。以及父母自身教育理念、教育策略及引导水平差异，这些都会决定课程内容对于目标实现的影响。

在这个优劣势面前，家庭教育指导从业人员，应当对父母指导到哪一个水平？什么时间，提供什么信息，才最有利于实现教育目标达成？

家庭与学校在家庭教育指导过程中，应该如何分工、配合？

家庭和学校，家长和教师对孩子的教育成果，有着不同的独特影响效力。在父母教育和教师教育性质上的差异已得到理论上的阐明。在这方面，例如，在家学习通常伴随着进行其他日常活动，从而提出了家长和孩子新的行为必须编排到日常生活中的要求。结合每个家庭的实际情况，这些要求如何实现以及落实效果，都是影响教育方案的重要内容。

以往研究的对比，间接解释了行为是否会在某种特定的环境发生改变（如家庭、学校）。在孩子感兴趣的环境中，需要关注目标行为的干预。父母参与的在校干预，有利于改变孩子在课堂上而不是在家的行为，父母和教师都参与的干预有利于改变孩子在家和学校的行为。与此同时，孩子的年龄也是一个变量，小学低年级和初中学生，对于来自教师的指导与执行的效果具有极大的变动性。针对某一个年龄阶段，具体到孩子家庭教育指导中，教师的职责、能力以及意愿，是否可以支持开展更为有效的家庭教育支持。在各地区、城市必然存在差异，由此也就诞生一批家庭教育指导问题，有待研究成果或实证以期获得更多的教育行政和教研部门的支持。

各类型家庭结构差异，如何影响家庭教育指导成果？

家庭架构的复杂性，可能会超过家庭教育指导与干预从业人员的理解范畴。不仅仅单亲家庭、主干家庭等大家常见的形态，最为隐秘影响家庭教育成果的，往往是形同虚设的家庭结构，也就是说三口之家中有一个角色是明显功能缺失的，更有甚者角色存在，但发挥的却是负面的作用。这些家庭无法解决亲密关系混乱的局面，对家庭教育指导带来巨大的影响。在法律法规视角下，如何帮助家庭调整结构，往往超出了家庭教育指导的服务边界。但此类问题的解决，明显决定了家庭教育质量，以及能否实现孩子正常健康发展的诉求。家庭教育指导从业人员应该如何评价自己的教育指导角色，需要什么支持以保障家庭教育的正常执行，也是一个研究课题。

更多的问题，必然会在家庭教育指导实操的路上等待着大家。

家庭教育指导工作，并不是一个万能的岗位，每一个从业者，应先思考我们的职业应该做什么？放弃什么？有什么是必须承担的风险？必须远离什么事件？任何一个职业，都有自己的边界，在教育、医疗和慈善领域，更多从业者往往过度评价自己的责任和能力，这个模糊的工作边界意识是极其危险的。在踏入家庭教育指导之前，慎重而理智地界定行为标准本身，是一个重要问题。

唯有祝福和积极地探索与研究，才能保证家庭教育指导成为终生的职业，才能够帮助更多的家庭与孩子。

附录1 家庭教育指导专项职业能力考核规范

一、定义

运用家庭教育相关知识，为有家庭教育需求的来访者，提供专业援助与引导的能力。

二、适用对象

运用或准备运用本项能力的家长以及求职、就业的人员。

三、能力标准与鉴定内容

能力名称：家庭教育指导		职业领域：家庭教育指导师	
工作任务	考点及难点	相关知识	考核比重
（一）家庭教育现状评估	1. 能依据收集的信息，对孩子生理、言语、社会适应、情绪、认知发展水平进行评估，判断实际发展水平及主要影响因素 2. 能从教育主导者及家庭成员教育理念差异来评价环境因素对孩子发展的影响及作用	1. 家庭教育基本原理 2. 各年龄段发展规律 3. 各阶段特殊教育重点问题	40%
（二）家庭教育方案设计	1. 能分析家庭教育过程中存在的问题 2. 能解读家庭教育中的重点、难点问题 3. 能设计个性化的指导方案	1. 家长行为问题分析 2. 孩子行为问题分析 3. 对应行为问题修正方案设计	30%
（三）家庭教育方案实施	1. 能根据家庭教育中存在的问题进行指导 2. 能应用相关工具完善家长的心智模式，认识自身问题及调整方向 3. 能指导家长依据孩子发展水平、行为模式进行家庭教育行为调整，采取有效行动 4. 能支持家长创建有利于孩子健康成长的家庭教育理念及环境	1. 各年龄阶段家庭教育重点关注问题 2. 问题解决的具体策略 3. 实施关键因素把控 4. 熟悉策略对应的心理理论	30%

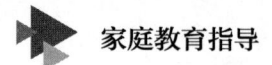家庭教育指导

四、鉴定要求

（一）申报条件
达到法定劳动年龄，具有相应技能的劳动者均可申报。

（二）鉴定方式与鉴定时间
鉴定方式采取机考。鉴定时间不少于 90 分钟。

（三）鉴定场地与设备要求
教室光线充足，整洁，无干扰，空气流通，具有安全防火措施。

附录2　家庭教育指导专项职业能力培训课程规范

培训任务	学习单元	重点和难点	参考学时
（一） 0~3岁婴幼儿家庭教育	1. 生理发展	重点：0~3岁生理发展规律、影响及主要发展任务 难点：婴儿爬行对发展的影响及训练策略	3
	2. 言语发展	重点：0~3岁言语发展规律及对应行为表现 难点：通过言语互动提高言语能力的策略	3
	3. 情绪调控	重点：0~3岁情绪情感发展规律 难点：提升情绪稳定性的教育策略	3
	4. 社会适应	重点：0~3岁社会适应发展规律及对应特征 难点：社会适应提升策略	3
	5. 认知发展	重点：0~3岁认知发展规律及特征 难点：生活中提高婴幼儿认知能力的策略	3
	6. 特殊教育	重点：早期干预特征、规律及家庭干预的内容 难点：特殊婴幼儿生活基本技能发展策略	3
（二） 3~8岁儿童家庭教育	1. 生理发展	重点：3~8岁生理发展规律、影响及主要发展任务 难点：6岁掌握连续跳绳的策略	3
	2. 言语发展	重点：3~8岁言语发展规律、影响及主要发展任务 难点：儿童言语发展水平对思维能力发展的影响及提升策略	3
	3. 情绪调控	重点：3~8岁情绪情感发展规律、影响及主要发展任务 难点：情绪调控能力提升策略	3
	4. 社会适应	重点：3~8岁社会适应发展规律 难点：社会适应性提升策略	3
	5. 认知发展	重点：3~8岁认知发展规律、影响及主要发展任务 难点：视、听专注力发展特征、规律及提升策略	3
	6. 特殊教育	重点：教育安置特征、规律及相关知识 难点：实际案例策略解读	3
（三） 8~13岁少年儿童家庭教育	1. 生理发展	重点：8~13岁生理发展规律及影响 难点：培养体育爱好策略	3
	2. 言语发展	重点：8~13岁言语发展规律及现状 难点：日常提升内部语言能力的影响及策略	3

续表

培训任务	学习单元	重点和难点	参考学时
（三）8～13岁少年儿童家庭教育	3. 情绪调控	重点：8～13岁社会性情感发展规律及影响 难点：培养自我管理能力策略	3
	4. 社会适应	重点：8～13岁社会适应能力发展规律以对应行为表现 难点：社会适应性提升日常应用策略	3
	5. 认知发展	重点：8～13岁认知发展的规律及特征 难点：逻辑思维能力的提升策略	3
	6. 特殊教育	重点：普通学校内特殊儿童的安置形式及可能出现的特殊行为 难点：提升家庭支持品质的内容	3
（四）13～18岁青少年家庭教育	1. 生理发展	重点：13～18岁生理发展规律及影响 难点：异性交往教育策略	3
	2. 情绪调控	重点：13～18岁情绪调控发展规律及影响 难点：早期辍学的教育策略	3
	3. 社会适应	重点：13～18岁社会适应性的发展规律及特征 难点：社会适应发展阶段各种行为的应对策略	3
	4. 认知发展	重点：13～18岁认知发展特征 难点：结合认知发展特征家长的引导策略应用	3
	5. 特殊教育	重点：生涯发展相关知识及规划策略 难点：实际案例策略解读	3
（五）家庭教育指导综述	1. 家庭教育的内容框架	重点：家庭教育的框架和相关内容 难点：当下家庭教育变化的影响因素	2
	2. 家庭教育指导从业人员的几个思考	重点：家庭教育指导服务的目标及边界 难点：家庭教育指导干预对象界定	3
	3. 家庭教育指导相关知识	重点：家庭教育指导的相关理论 难点：家庭教育质量的影响因素	2
	4. 家庭教育现状	重点：当下家庭教育唯分数论的意识改变 难点：家庭教育促进法对科学教育的意义	2
	5. 家庭教育发展展望	重点：家庭教育指导中研究与应用的相互支持作用 难点：家校共育和社会意识在家庭教育指导中的作用	2
总学时			80

注：参考学时是培训机构开展的理论教学及实操教学的建议学时数，包括岗位实习、现场观摩、自学自练等环节的学时数。